언어식으로 본 영어

세상 모든 언어를 수식에 담다

언어식으로 본 영어

세상 모든 언어를 수식에 담다

개정판 1쇄 발행 : 2017. 11. 11
개정판 1쇄 인쇄 : 2017. 10. 25

지은이 : 민서희
펴낸이 : 최조식

펴낸곳 : 도서출판 생소사
주　소 : 서울시 영등포구 여의도동 진미파라곤 1129호
전　화 : 02-780-7859
등　록 : 2012. 8. 28. 제318-2012-000109호
ISBN : 978-89-969634-9-3 03740

도서공급 : 행복한 마음(02-334-9107)

정가 : 15,000원

THE LANGUAGE FORMULA OF MEENMOOL
For master shorten of 1 %

언어식으로 본 영어

세상 모든 언어를 수식에 담다

민서희 지음
도서출판 생소사

- 일러두기 -

앞표지그림 출처: 「꽃 이야기」 中 일부
전찬욱 화가 제공

뒤표지그림 출처: 「사랑」 中 일부
우창훈 화백 제공

소쉬르(Ferdinand De Saussure)와
촘스키(Noam Chomsky)에게
이 책을 바칩니다.

차 례

프/롤/로/그

나무그림(수형도)으로는, 아래 두 문장을 어떻게 구분하는지, 저자
는 알지 못한다.

1. I am Sam.
2. He is Sam.

하지만 언어식(민물식)에서는 아래와 같이 이를 쉽게 구별할 수
있다.

1. I am Sam.

$$_9{}^1\overset{\circ}{1}{}_1{}^1 \quad \mathsf{S}\,a \underset{2_1{}^1}{} \quad _1 1_3{}^{1a}\;.$$

2. He is Sam.

$$_1{}^1\overset{\circ}{1}{}_3{}^1 \quad \mathsf{S}\,a \underset{2_3{}^1}{} \quad _1 1_3{}^{1a}\;.$$

민물식에서는 1의 왼쪽 위아래와 오른쪽 위아래가 각각 다른 정
보를 가지고 있다. 이를 다음과 같이 나타낼 수 있는데 $\square^{\circledcirc}1_{\stackrel{}{\approx}}{}^{\triangle}$,
여기서 $\square$는 성(性, sex, gender)을 나타내고, $\circledcirc$는 주격 소유격 등의
격(격, case)을 나타내고, $\approx$은 1인칭 2인칭 등의 인칭을 나타내고,
$\triangle$는 단수와 복수를 나타낸다.

I 만으로는 남자인지 여자인지 알 수 없다. 그래서 $\overset{\circ}{1}$의 위쪽 아
래에 9라고 하였다. 9는 어떤 숫자인지 알 수 없을 때 쓰는 기호

이다. 위 문장에서 I 가 Sam 이라고 하였으니 남자라고 유추해 볼 수는 있다. 하지만, 여자가 첫 번째 문장을 이야기 했다면, 드러난 앙티식은 위와 같겠으나, 의미된 에티식은 위와 좀 다를 것이다. S의 오른쪽 위의 첨자 a는 앙티식을 의미한다.

나아가, 아래와 같은 낱말을 써 놓고 나무그림(수형도)에서는 어떻게 표시하는지, 저자는 알지 못한다.

1. Tom
2. Blue
3. for

하지만 민물식으로는 이를 다음과 같이 나타낼 수 있다.

1. Tom

$$^1\!\sqcup\!\sqcup a \quad {}_1 1_3{}^1$$

2. Blue

$$^2\!\sqcup\!\sqcup a \quad 2$$

3. for

$$^{\overset{\circ}{3}}\!\sqcup\!\sqcup a \quad \overset{\circ}{3}_1{}^2$$

2017년 9월 하순
한양대학교 사회과학관에서
민서희 삼가 씀

첫 번째 이야기

흔히들 한국어와 영어의 어순이 다르다고 이야기한다. 한국어 문장은 주어로 시작해 동사로 끝나는데 비해, 영어는 주어 뒤에 동사가 온 다음 장소·방법·시간 순으로 온다는 것이다. 그래서 **장소·방법·시간**의 앞 글자만 따서 '장방시'라고 말하곤 한다.

한국어 '나는 어제 버스로 학교에 갔다.' 라는 말을 영어로는 '나는 갔다 학교에 버스로 어제' 라고 말한다는 것이다. 결과적으로 같을 수 있지만, 주어를 제외한 나머지 부분을 아래 그림과 같이 180도 회전하여 한 번 정도 살펴본다면 영문 이해에 도움이 될 것이다.

즉 영어 사용자들은 위와 같이 회전하여, 아래와 같이 말하고 있는 것을 발견할 수 있다.

나는 | 갔다 에 학교 로 버스 어제

I | went to school by bus yesterday.

대충 보면 동사 뒤에 장소, 방법, 시간 순으로 오는 것 같지만, 회전한 부분을 동사 중심으로 살펴보면 한국어나 영어 모두 동사로부터 멀어지는 순서는 장소, 방법, 시간이라는 것을 알 수 있다. 즉 한국어나 영어 모두 '동사와 장소'는 서로 떨어지지 않고 붙어 있는 것을 알 수 있다.

두 번째 이야기

어떤 일이 반복될 때, 이를 좀 더 효율적으로 하기 위해 보조 장치를 만드는 경우가 있다.

보조 장치를 이용하는 것이 번거로운 거 같지만, 보조 장치를 몇 번 사용해 보면, 시성비(時性比, 시간 대비 성능의 비율)가 높게 나타나는 것을 알 수 있다.

$2+2+2+2+2+2+2+2$ 이라는 식을 2×8 로 나타내는 것이나, $3 \times 3 \times 3 \times 3 \times 3 \times 3 \times 3 \times 3$ 을 3^8 로 간단히 표시하는 것 등이 그 예이다.

화학에서 어떤 물질의 구성을 분자식을 사용하여 나타내면, 말하고자 하는 사람이나 이를 전해 듣는 사람이 보다 효율적으로 의사소통을 할 수 있다.

가령 물의 원자구조를 설명할 때 H_2O 라고 하면 수소원자 두 개와 산소원자 한 개로 이루어져 있음을 알 수 있다.

세 번째 이야기

피타고라스 정리는 '직각삼각형에서 빗변의 길이를 제곱한 값은 나머지 두 변의 길이를 제곱하여 더한 값과 일치한다.'는 것이다.[1] 다음 그림을 참고하여 이것을 간단한 수식으로 나타내면, $c^2 = a^2 + b^2$ 이 된다.

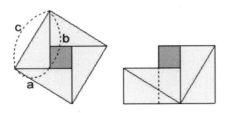

인도의 수학자이자 천문학자였던 바스카라(Bhaskara.72, 1114~1185)는 피타고라스 정리를 증명할 때 위와 같은 그림을 그려 놓고, "봐라!"라는 말 이외에 별다른 설명을 하지 않았다고 한다.[2]

위 그림을 참고하여, 피타고라스 정리를 간단한 대수로 증명할 수 있다.[3]

$$c^2 = 4\,(ab / 2) + (b - a)^2$$

$$c^2 = 2ab + a^2 + b^2 - 2ab$$

$$\therefore \quad c^2 = a^2 + b^2$$

---

1) 『페르마의 마지막 정리』 사이먼 싱 지음 박병철 옮김 서울 2007. 영림카디널, 25쪽.
2) 위와 같이, 아무런 설명 없이 단지 그림만으로 증명하는 방법을 PWW(Proofs Without Words) 라고 한다. 바스카라의 PWW 증명, 그림출처: http://user.chollian.net/~badang25/pythagoras/pythago_004.htm
3) 『수학의 위대한 순간들』 허민 외 지음 서울 1997. 경문사, 36~38쪽.
『수학사』 하워드 이브스 지음 이우영 외 옮김 서울 1996. 경문사, 205~206쪽.

피타고라스 정리를 증명하는 방법에는 대수적 증명 109가지, 기하학적 증명 255가지, 사원법 증명 4가지, 역학적 증명 2가지, 그외에 더 많은 방법이 있을 수 있다고 한다.4)

언어학에서도, 피타고라스 정리의 기하학적 방법처럼, 어떤 문장을 분석할 때 나무그림(수형도, 樹型圖)을 이용하는 거 같다.

John saw the man.

예를 들어 위와 같은 문장이 있을 경우, 계층적 구조를 이용하여 문장을 분석하기 위해, 아래와 같은 그림을 이용할 수 있다고 한다.5)

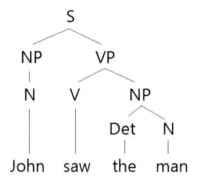

저자는, 수학에 기하학적 방법과 대수적 방법이 있듯이, 언어에도 언어식이 있으면 좋겠다는 생각을 하게 되었고, 많은 시도를 하였다.

그러던 중 약간의 가능성을 보았기에 다른 분들께도 도움이 되었으면 하는 마음으로 이 책을 쓰게 되었다.

---

4)『올댓 피타고라스 정리』이만근 외 지음 서울 2007. 경문사, 3쪽.
5)『영어란 무엇인가』한학성 지음 서울 1995. 을유문화사, 160쪽.

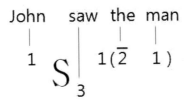

저자의 방법은 문장을 보면서, 좌에서 우로 위 그림처럼 주~욱 쓰기만 하면 된다. 위와 같은 방법을 수학에서의 다항식이나 화학에서의 화학식처럼 언어에서의 '**민물식**' 이라 하고, 이와 같은 가로쓰기를 '**민물쓰기**' 라고 하기로 한다.

John saw the man.

위 문장을 민물식으로 표현하면 아래와 같이 다양한 방법으로 쓸 수 있다.

$$^1S_3\,^1.$$ (단순형, 민물1식)

$$\rightarrow\quad _1 1_3\ S\ _{3^2}^{1(\overline{2}\ _1 1_3)}.$$ (기본형, 민물2식)

$$\rightarrow\quad _1 1_3\ S\ _{3^2}^{\overline{2}\ _1 1_3\ \ ^1.}$$ (계층형, 나무형, 민물3식)

민물식의 S 는 sentence(문장)의 머리글자에서 가져온 것으로, 문장을 의미한다. 민물식은 상하와 좌우가 다른 정보를 가지고 있기 때문에 입체적이며 계층적이다. 괄호는 괄호 바로 왼쪽 숫자의 정

13

보를 구체적으로 표현하는 장치이다. 좀 더 시각화하여 계층구조로 나타내고 싶으면 맨 아래 계층형 민물식처럼 계층으로 표현할 수도 있다. 마침표는 오른쪽 마지막의, 위나 아래에 편하게 찍으면 된다.

필요하면 수형도(樹型圖, 나무그림)와 민물식을 같이 쓸 수도 있다.

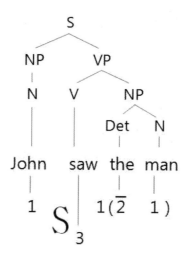

필요한 부분만 상호 보완해서 아래와 같이 쓸 수도 있다.

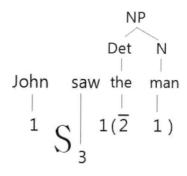

기하학적 수형도(나무그림)에서는 D(또는 Det) 라고 하지만, 민물식에서는 같은 2라도 문자를 이용하여 얼마든지 구체적 정보를 나타낼 수 있다. $\dot{2}$ 는 a(an)을 의미하고, $\overline{2}$ 는 the를 의미하며, $\tilde{2}$는 this와 that을 의미한다. 그리고 그냥 2 는 형용사를 의미한다.

같은 동사라도 see는 3^1, saw는 3^2, have seen은 3^3, had seen은 3^4로 나타낸다. 이 원칙은 모든 동사에 예외 없이 적용된다. 아래에 있는 민물식을 보면 도움이 될 것이다.

아래 민물식은 saw 를 나타낸 것이다.

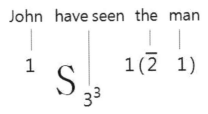

아래 민물식은 have seen 을 나타낸 것이다.

John have seen the man
  | | | |
  1   S   1($\overline{2}$ 1)
         3^3

민물식의 장점은 간단한 것부터 구체적인 것까지 다양한 방식으로 표시할 수 있다는 것이다. 민물식에 쓰인 하나하나의 기호를 민물기호라 부르기로 한다. 민물기호에는 여러 가지 것들이 있다.

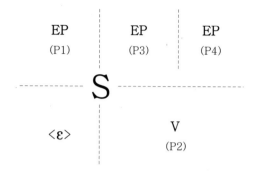

EP   EP   EP
(P1)   (P3)   (P4)

S

⟨ε⟩   V
(P2)

위 그림은 민다이어그램(민그림, Meen diagram)이다.

M1	M2	M3
1	4	8
2	5	
3	6	
	7	

위 그림표는 민물박스이고 그 안의 여덟 개의 숫자는 민물숫자이다.

민물숫자는 민다이어그램의 EP(P1, P2, P3)에 올 수 있다.

$\overset{\cdot}{8}$ $\overset{}{1}S_3$ $\overset{\rightarrow}{1}S_2{}^1$ 1

What   I   want   is   love.

위 민물식처럼 글 위에 민물식을 쓸 수도 있다. 위 민물식에서 8은 파대표를 의미한다.

위 민물식을, 간단한 것부터 구체적인 것까지 필요에 따라, 여러 가지로 나타낼 수 있다.

다음 민물식에서 8은 파생절(派生節, derived clause)을 의미한다.

$$^8S_{2^1}{}^{1.}$$

(단순형, 민물1식)

$$\rightarrow \quad ^8\left(\dot{8}_{2}{}^4\,\mathring{1}_1\,\mathbf{Y}_{3^1}{}^1\right)S_{2^1}{}^{1.}$$

(기본형, 민물2식)

$$\dot{8}_{2}{}^4\,\mathring{1}_1\,\mathbf{Y}_{3^1}{}^1$$

$$\rightarrow \quad ^8S_{2^1}{}^{1.}$$

(계층형, 나무형, 민물3식)

민물식에 공감하는 분이 생기고 민물식으로 인해 여러 언어 연구에 조금이나마 도움이 되었으면 하는 바람이다.

부족한 부분은 개정판을 통해 보완해 나갈 것을 약속드리며 줄인다.

2017년 3월 초순
김포 미인서재에서
민서희 삼가 씀

제 1 편

문장 이론

단순하게 생각하기

갓 태어난 아기들은 만 2년을 넘어서면서 말을 하기 시작한다고 한다. 참 신비로운 일이다.

스키너(Burrhus Frederic.Skinner.87, 1904~1990) 등의 행동주의 심리학자들은 모방에 의해 말을 배운다고 하였다.

반면, 촘스키(Noam Chomsky, 1928~)는 말을 배울 수 있도록 하는 유전적 요인이 있다고 하였다.

저자의 약한 내공으로는, 한 시대를 풍미한 대가들의 주장에 대해 이러쿵저러쿵 이야기할 수 없을 것이다.

다만 저자의 생각에, 어린 아기들은 자라면서 비교와 분류 등을 통해 스스로의 문법을 만들어 가는데, 개인에 따라 그 과정이 서로 다를지라도 일정 나이가 되면 누가 더 잘한다고 할 수 없을 정도로 모두 잘하는 단계에 진입하는 것이 아닌가 생각 된다. 이러한 단계를 **언어평형**이라 하기로 한다.

이것저것에 대한 편견이 없는 아기들이니까, 먼저 큰 것을 바탕으로 분류하고, 작은 것들은 나중에 처리했을 거라고 생각 된다.

이러한 보이지 않는 과정을, 이 책에서는 보이는 것으로 만들려고 하다 보니 여러 징검다리 장치를 도입하게 되었음을 미리 알려드린다.

저자는 보편문법을 추구한다. 이 책의 내용을 확장하면 아마 다른 언어에서도 비슷한 결과를 얻을 것이다.

아기처럼 생각하기

아래의 이야기는 아기가 태어나서 초등학교에 들어가기 전까지의 기간에 일어나는, 말을 익히는 과정을 저자의 방식에 따라 귀납적으로 재구성한 것이다. 순서는 아기에 따라 천차만별이어도 그 결과는 같을 것이다. N1, N2 등은 순서를 의미한다.

N1

영어에 노출된 아기들은, A가 한 번 나오는 문장과 A가 뒤에서 다시 한 번 등장하는 문장을 다르게 보았을 것이다. 즉, A가 한 번 나오는 문장과 A가 두 번 나오는 문장을 다르게 보았을 것이다.

이를 아래와 같이 간단히 나타내기로 한다.

$$A \sim$$

$$A \sim A$$

예문) $A \sim$

I am happy.
나는 행복하다.

예문) $A \sim A$

I love you.
나는 사랑한다, 너를.

N2

누구냐? 무엇이냐? 라는 물음에, **누구이다, 무엇이다** 라고 대답할 수 있는데, 이때의 **누구, 무엇** 등이 A라는 것을 알았을 것이다.

누구, 무엇 등을 기호로 1이라고 표시하면, 아래 오른쪽과 같이 나타낼 수 있다.

A ~   1 ~

A ~ A ~   1 ~ 1 ~

N3

다음, 아기는 A 뒤에 오는 말과 A A 사이에 오는 말이 서로 다르다는 것을 알았을 것이다.

이를 다르게 표시하기 위해, 하나를 b라 하고 다른 하나를 c 라 하면 아래와 같이 표시할 수 있다.

A b   1 b

A c A   1 c 1

예문) A b

Water **flows.**
물이 흐른다.

예문) A c A

I **like** pizza.
나는 좋아한다, 피자를.

N4

 그런 다음, A b 문장의 **b**는 be(비)계열과 나머지로 나눌 수 있다
는 것을 알았을 것이다. 즉 be계열 뒤에는 me, you, korean,
happy 등 많은 것들이 올 수 있지만, be 아닌 나머지 뒤에는
me, you, korean, happy 등이 올 수 없거나 제한적이라는 것을
알았을 것이다.

 be계열이 아닌 나머지를 α(에이) 라고 표시하고, be를 b라고 표
시하면 아래와 같이 단순하게 나타낼 수 있다.

$$A \; a \quad A \; b \qquad 1 \; a \quad 1 \; b$$

$$A \; c \; A \qquad 1 \; c \; 1$$

예문) A a

He runs fast.
그는 달린다, 빨리.

예문) A b

I am Korean.
저는 한국인입니다.

I am happy.
나는 행복합니다.

I am here.
나는 행복합니다.

I am to go.
나는 갈 겁니다.

I am talking.
나는 이야기하고 있어요.

I am lost.
나는 잃어버린 상태이다.

N5

그런 다음, A c A 문장에서, c 가 다시 둘로 나뉘는 것을 알았을
것이다.

하나는 c 뒤에 A가 오면 만족하는 것이고, 다른 하나는 A c A 뒤에 '보이지 않는 be'가 있어서, 즉 A c A (be)로 쓰이는 것을 알았을 것이다.

아기들은 A c A (be)의 뒤에 오는 것들과, N4의 A be 뒤에 오는 것들이 비슷하다는 것을 알았을 것이다.

A c A (b)의 c를 달리 d(디)라고 표시하면 아래와 같이 된다.

A a	A b
A c A	A d A (b)

위 그림의 A를 숫자 1로 대체하면 아래와 같이 된다.

1 a	1 b
1 c 1	1 d 1 (b)

위와 같은 그림을 에스 테이블(S Table)이라고 한다.

예문) A c A

I like Korean.
저는 좋아합니다, 한국인을.

예문) A d A (b)

They elected **him President**.
그들은 선출했다, 그를 대통령으로.

They made **me happy**.
그들은 만들었다, 내가 행복하게.

They set **me free**.
그들은 놓았다, 내가 자유롭게.

They don't want **her to know** about it.
그들은 원하지 않는다, 그녀가 아는 것을, 그것에 대해.

They heard **Jane speaking**.
그들은 들었다, 제인이 말하고 있는 것을.

N6

여기까지 진행한 아기는 N5의 S테이블을 기본이라 생각했을 것이다. 그리고 이 기본에서 벗어난 것을 번외(예외)라 생각했을 것이다.

기본1	기본2	번외1	번외2
기본3	기본4	번외3	번외4

여기에 문장기호 S를 도입하면 아래와 같이 된다. S는 기본문장

을, $\tilde{S}$는 번외문장을 나타내는 기호가 된다.

$$S_1 \quad\vdots\quad S_2 \qquad\qquad \tilde{S}_1 \quad\vdots\quad \tilde{S}_2$$

$$S_3 \quad\vdots\quad S_4 \qquad\qquad \tilde{S}_3 \quad\vdots\quad \tilde{S}_4$$

위 그림을 아래와 같이 좀 다르게 표현할 수도 있다.

$$S_a \quad\vdots\quad S_b \qquad\qquad \tilde{S}_a \quad\vdots\quad \tilde{S}_b$$

$$S_c \quad\vdots\quad S_d \qquad\qquad \tilde{S}_c \quad\vdots\quad \tilde{S}_d$$

위와 같은 그림들을 에스큐브(S Cube) 또는 에스테이블(S Table)이라고 하고, S의 오른쪽 아래에 있는 숫자를 **큐브숫자**(Cube number) 또는 동사숫자(Verb number) 라고 한다.

N7

아래 그림은 N5에서 가져 온 것이다.

$$A\ a \quad\vdots\quad A\ b$$

$$A\ c\ A \quad\vdots\quad A\ d\ A$$

위 그림에서 보듯, 첫 A 는 네 군데 모두 변함없이 나타난다. 하지만 그 다음에 등장하는 **a·b·c·d** 로 인해 문장이 4개로 갈라지니, 첫 A와 나머지 부분을 나누어 살펴야겠다고 생각했을 것이다.

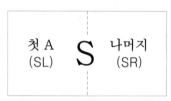

위 그림에서 S는 문장을 의미하는 영어 sentence의 머리글자에서 가져온 것이다. S의 왼쪽을 SL이라 하고, 오른쪽을 SR이라고 하면 문장 S = SL + SR 이라고 표시할 수 있다.

N8

여기까지 생각한 아기는 **a·b·c·d** 가 다른 것들과 근본적인 차이점이 있음을 알게 되었을 것이다.

그 근본적인 차이점은 <u>지나간 것을 표현하기 위해 **a·b·c·d** 가 생김새를 바꾼다</u>는 것이다. 즉 과거형이 있다는 것을 알았을 것이다. 이와 같이 과거형이 있는 말을 **동사**라고 부르기로 한다.

동사(動詞)란 지나간 것을 표현하기 위해 과거형이 있는 말이다. 하나로 된 것을 홀로동사(낱말동사)라 하고 몇 개로 이루어진 것을 모듬동사라고 한다.

비록 이상의 내용을 아기가 어떻게 했는지는 모르지만, 분명 무언가는 했을 것이니, 동사영역을 표시하기 위해, S기호를 좌우로 나눈 다음 다시 위아래로 나누기로 한다.

그러면 아래 그림과 같이, S의 왼쪽은 SL^{up} 과 SL^{down} 으로 나누어 지고, S의 오른쪽은 SR^{up} 과 SR^{down} 으로 나누어진다.

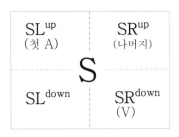

위 그림에서, S의 왼쪽 위가 **첫 A** 영역이고, 오른쪽 아래가 **동사**(V) 영영이다. 그리고 오른쪽 위가 **나머지** 것들이 오는 영영이다.

위와 같은 그림을 민그림(Meen diagram)이라고 한다.

N9

여기까지 생각한 아기는, N6의 네 가지 문장 중 가장 쉽고 확실하게 구별할 수 있는 be를, 문장을 살피고 비교하는 **기준**으로 정했을 것이다.

$$S_1 \quad \boxed{S_2}$$
$$S_3 \mid S_4$$

물론 a를 기준으로 정하고 그 뒤에 오는 것들을 분류해보기도

하고, c를 기준으로 정하고 그 뒤에 오는 것들을 분류해보기도 하고, d를 기준으로 같은 작업을 했을 수도 있다. 하지만, 네 가지 경우를 다 시도해보면, 자연스레 가장 간단하면서도 가장 많은 것들이 be 뒤에 온다는 것을 알게 되었을 것이다.

이러한 분류를 하면서 아기는, 그 뒤에 최대한 많이 오는 것을 기준으로 정해야, 많이 오지 않는 곳에 이를 수월하게 써먹을 수 있다는 것을 알게 되었을 것이다.

물론 이 모든 것들을 며칠 만에 했을 리는 없고, 이와 같은 작업을 몇 년에 걸쳐 진행했을 것이다.

누구냐? 무엇이냐? 라는 물음에 **누구**이다, **무엇**이다 라고 대답할 수 있는데, 이때의 **누구**, **무엇** 등이 A라는 것을 알았을 것이다. 이와 같은 A를 명사라고 한다.

명사(洺詞)란 어떤 존재나 존재의 일부를 드러내는 말이다. 아기는 이러한 명사가 be 뒤에 올 수 있다는 것을 알았을 것이다.

예) 나, 너, 엄마, 아빠, 사과, 포도

A 즉 명사를 기호로 **1** 이라고 하면 아래와 같이 된다.

$$1 \text{ be } 1$$

예문)

I am **Korean**.
저는 한국인입니다.

위 문장을 식으로 나타내면 $^1S_2{}^1$ 이 된다. S를 위아래로 나누면 아래쪽은 모두 동사영역이 되고, 위쪽은 나머지 영역이 된다.

그래서 제2동사인 be를 나타내는 **2**는 아래에 썼고, 명사 **1**은 위에 썼다. 이와 같은 식을 민물식이라고 한다. 민물식은 민다이어그램(민그림, Meen diagram)을 그 바탕에 두고 있다.

N10

다음, 어떠하냐? 는 물음에 '어떠하다'고 대답할 수 있는데, 이때의 '**어떠한**'에 해당하는 말들이 be 뒤에 올 수 있다는 것을 알았을 것이다.

예) 빨간, 파란, 느린

위의 예에 있는 것과 같은 말들을 형용사라고 한다. 형용사를 기호로 **2** 라고 하면 아래와 같이 된다.

$$\boxed{1 \ be \ 2}$$

예문)

I am **happy**.
나는 행복합니다.

위 문장을 민물식으로 나타내면 $^1S_2{}^2$ 이 된다.

N11

다음, '어디에 있냐?, 어떤 상태에 있냐?' 라는 물음에 '어디에 있다, 어떤 상태에 있다' 라고 대답할 수 있는데, 이때의 장소와 상태 관련 말들이 be 뒤에 올 수 있다는 것을 알았을 것이다.

예) 여기에, 방에, 거실에

이렇게 대답할 수 있는 것들 중 here 등의 낱말은 $\dot{3}$ 이라고 나타내기로 하고 for you, in the room 등은 3 이라고 나타내기로 한다.

$$1 \text{ be } \dot{3}$$
$$1 \text{ be } 3$$

예문) 1 be $\dot{3}$

I am here.
나는 행복합니다.

위 문장을 민물식으로 나타내면 $^{1}S_{2}{}^{\dot{3}}$ 이 된다.

예문) 1 be 3

I am in the room.
나는 그 방에 있습니다.

위 문장을 민물식으로 나타내면 $^{1}S_{2}{}^{3}$ 이 된다.

위 N9부터 N11까지에서 나온, be 뒤의 1, 2, 3을 M1이라고 하면 아래와 같은 그림을 얻을 수 있다.

```
┌──────────────┐
│     M1       │
├──────────────┤
│      1       │
│      2       │
│      3       │
│              │
└──────────────┘
```

N12

N10의 2(형용사)를 동사 a · c · d 바로 뒤에 넣어 보면, 2를 넣을 수 없음을 알게 된다. 그래서 be를 하나의 묶음으로 생각하고 나머지 것들을 별개의 묶음으로 생각하게 되었을 것이다.

be와는 근본적으로 다른 a · c · d 를 한 묶음으로 나타내기 위해, 이를 달리 제타(ζ)라고 하기로 한다.

예문)

I am **happy**.
나는 행복합니다.

* Water flows **happy**.
물이 흐른다, 행복한

* I love **happy**.
나는 사랑한다, 행복한
(위 문장에서 happy가 어떠하다의 **어떠한**이 아니라, 무엇이다의 **무엇**이라면 옳은 문장이 될 수 있다. happy는 강아지의 이름으로도 많이 쓰이고 있다.)

이 책에서 * 는 비문법적임을 나타내는 기호이다.

N13

여기까지 생각한 아기는 다시, be 뒤에 오는 것들을 살피던 도중 to be와 to ʒ(제타) 가 올 수 있음을 알게 되었을 것이다.

to be와 to ʒ(제타) 를 기호로 4라고 나타내고 to파사라고 하기로 한다.

$$1 \text{ be } 4$$

예문) 1 be 4

I am to go now.
나는 가야한다, 지금.

위 문장을 식으로 나타내면 $^1S_2{}^{43}$ 이 된다.

I am to be a doctor.
나는 될거다, 의사가.

위 문장을 식으로 나타내면 $^1S_2{}^{41}$ 이 된다.

N14

여기까지 생각한 아기는 다시, be 뒤에 올 수 있는 것들을 살피던 도중 V+ing 가 올 수 있다는 것을 알게 되었을 것이다.

이를 기호로 5 라고 나타내고, ing파사라고 하기로 한다.

$$\boxed{1 \text{ be } 5}$$

예문) **1 be 5**

I am **waiting** for you.
나는 기다리고 있어요, 당신을.

위 문장을 단순 민물식(또는 민물1식)으로 나타내면 $^1S_2{}^{53}$ 이 된다. 단순 민물식을 줄여 단순식이라고 한다.

N15

나아가, be 뒤에 V+ed가 올 수 있음을 알았을 것이다.

V+ed를 기호로 6 이라고 하고, ed파사라고 하기로 한다.

$$\boxed{1 \text{ be } 6}$$

예문) **1 be 6**

I'm **married** to Peter.
나는 결혼한 상태이다, 피터에게.

위 문장을 단순식으로 나타내면 $^1S_2{}^{63}$ 이 된다.

N16

그리고, be 뒤에 being V+ed가 올 수 있음을 발견하였을 것이다.

being V+ed를 기호로 **7**이라고 하고, being pp파사라고 하기로 한다.

$$1 \ be \ 7$$

예문) **1 be 7**

My car is **being fixed.**
내 차가 수리되고 있어요.

위 문장을 식으로 나타내면 $^1S_2{}^7$ 이 된다.

N17

아래 그림은 N6에서 가져온 에스큐브(S Cube)이다.

기본1	기본2
기본3	기본4

위 그림에 문장기호 S를 도입하여 나타낸 것이 아래 그림이다.

$$S_1 \quad | \quad S_2$$

$$S_3 \quad | \quad S_4$$

위 네 개의 문장을 한꺼번에 S_{1234} 라고 표시하기로 한다. 위 그림에서, S의 오른쪽 아래에 있는 숫자들을 달리 $a \cdot b \cdot c \cdot d$ 로 나타낼 수 있다.

$$A\, a \quad | \quad A\, b$$
$$(S_1) \qquad\quad (S_2)$$

$$A\, c\, A \quad | \quad A\, d\, A\, (be)$$
$$(S_3) \qquad\qquad (S_4)$$

위 테이블에서 보듯, a동사가 있는 것은 S_a 또는 S_1이 되고, be동사가 있는 것은 S_b 또는 S_2가 된다.

그리고 c동사가 있는 것은 S_c 또는 S_3이 되고, d동사가 있는 문장은 S_d 또는 S_4가 된다.

N18

아래 그림은 N6에서 가져 온, 에스 큐브(S Cube)이다.

$$S_1 \quad\quad S_2$$

$$S_3 \quad\quad S_4$$

아기들은 위 각각의 문장 앞에 **어떤 낱말**을 첨가하면 이를 'be 뒤에 다시 놓을 수 있다는 것' 을 알게 되었을 것이다.

만일, '어떤 낱말' 을 $\dot{8}$ 이라고 기호로 나타내면, 아래와 같은 것들이 가능함을 알게 되었을 것이다.

$$\dot{8}\,S_1$$
$$\dot{8}\,S_2$$
$$\dot{8}\,S_3$$
$$\dot{8}\,S_4$$

위와 같은 것들 모두를 '**파생절**' 이라 부르기로 하고, 기호로 8이라고 나타내기로 하면 아래와 같이 된다.

$$\boxed{1 \ \text{be} \ 8}$$

파생절 8을 아래와 같이 표시할 수 있다.

$$8 = \dot{8} + S_1$$

$$8 = \dot{8} + S_2$$
$$8 = \dot{8} + S_3$$
$$8 = \dot{8} + S_4$$

그리고 파생절 네 개를 간단히, 아래와 같이 나타낼 수 있다.

$$8 = \dot{8}\, S_{1234}$$

$$8 = \dot{8}\, S_9$$

파생절의 맨 앞에 오는 $\dot{8}$ 을 **파대표**라 하고, 그 뒤에 오는 것들을 **파나머지** 라고 한다.

파나머지를 달리 **감마(γ)**라고 표시하면, 파생절은 아래와 같이 아주 간단하게 표시할 수 있다.[6]

$$8 = \dot{8} + \gamma$$

예문) **1 be 8**

That's __what I want__.
그것이 제가 원하는 겁니다.

위 문장을 기호로 단순하게 나타내면 $^1S_2{}^8$ 이 된다. 이를 **민물1식** 또는 단순식(단순 민물식)이라고 한다. 그리고 위 문장을 구체적으로 나타내면 다음과 같이 된다.

---

6) 파생절을 나타내는 기호로 C를 사용할 수도 있다. C는 절을 의미하는 clause의 머리 글자이다.

$$\overset{\cdot}{8}\,1 \quad \overset{1}{\underset{3}{Y}} \qquad \overset{1}{\underset{2}{S}}\;8.$$

위 식에서는 8의 내용을, 따로 위에 올려 나타내었다. 위와 같은 식을 **민물3식** 또는 계층식(계층 민물식, 나무 민물식) 이라고 한다.

N19

이렇게 하여 아기는, be 뒤에 오는 것을 서로 겹치지 않도록 분류하여 8개가 있다는 것을 알게 되었을 것이다.

그리고 N13~16의 4 · 5 · 6 · 7 이 동사에서 파생되어 나온 것도 알게 되었을 것이다. 따라서 동사에서 파생되어 나온 4, 5, 6, 7 을 하나로 묶을 수 있다는 것을 자연스레 알게 되었을 것이다.

동사에서 파생되어 나온 4 · 5 · 6 · 7 을 **동파구**라고 부르기로 하고 기호로 **M2**라고 하기로 한다. 동파구는 **동**사에서 **파**생되어 이루어진 **구**라는 의미이다.

N20

N17의 **8**은 다른 것으로부터 와서 파생절이 되었고, N18의 4 · 5 · 6 · 7은 동사로부터 와서 파생구(동파구)가 되었으니까, 다른 것으로부터 왔다는 공통점이 있다는 것을 알게 되었을 것이다.

N9부터 N11까지의 1·2·3을 M1이라 하고, N13~16의 4·5·6·7을 달리 M2라고 하였으니, N17의 8을 M3이라고 표시하면 M2와 M3은 다른 곳으로부터 온 것들이 된다.

M2	M3
4	8
5	
6	
7	

파생구(M2, 동파구)와 **파**생절(M3)이라는 말에서 서로 겹치는 부분인 '**파**'를 끄집어내어, 이 둘을 하나로 묶을 수 있다.

이 둘을 하나로 묶어 **파사**(派詞)라고 부르기로 하고, 기호로 M23이라 하기로 한다.

N21

be 뒤에 오는 M1, M2, M3를 한꺼번에 표시하면 M123이 되는데, M1은 1·2·3이고, M2는 4·5·6·7이고, M3은 8이다.

M1, M2, M3를 한꺼번에 나타낸 그림이 다음 그림표이다.

M1	M2	M3
1	4	8
2	5	
3	6	
	7	

위와 같은 그림표를 민물박스(MeenMool box) 또는 모듈박스 (module box) 라고 한다. 그리고 민물박스 안의 1~8까지의 숫자를 **민물숫자**(MeenMool number) 또 모듈숫자(module number) 라 하고 기호로 표시할 때는 1, 2, 3 또는 1m, 2m, 3m 으로 나타내기로 한다.

N22

아래 그림은 N21의 각 숫자 뒤에 m을 넣어 나타낸 민물박스이다.

M1	M2	M3
1m	4m	8m
2m	5m	
3m	6m	
	7m	

위 그림에서 1m을 달리 **명사**라고 한다. 명사란 **누구냐? 무엇이냐?** 는 물음에 **누구**다, **무엇**이다 로 답할 때의 **누구**와 **무엇**에 해당하는 말이다.

이를 달리 이야기하면, 명사(洺詞)란 <u>어떤 존재나 존재의 일부를</u>
<u>드러내는 말을</u> 이르는 말이다.

이름을 통해 어떤 존재나 존재의 일부를 드러내는 말을 **이름명**
사라고 하고, 이름명사를 기호로 나타낼 때는 1 또는 1m 이라고
하기로 한다. 이때 이름명사가 하나의 낱말로 이루어져 있으면
$1._1$ 두 개로 이루어져 있으면 $1._2$ 세 개로 이루어져 있으면 $1._3$ 등
으로 표시하기로 한다. 단 $1._1$ 은 간단히 1이라고 할 수도 있다.

인칭을 통해 어떤 존재를 드러내는 말을 **인칭명사**라고 하고, 이
를 기호로 $\mathring{1}$이라고 하기로 한다. 이때 1인칭은 $\mathring{1}_1$이라 하고, 2인
칭은 $\mathring{1}_2$라고 하기로 하고, 3인칭은 $\mathring{1}_3$이라고 하기로 한다.

지시를 통해 어떤, 존재나 존재의 일부를 드러내는 말을 **지시명**
사라고 한다. 지시명사 중 it은 기호로 $\dot{1}$이라고 하고, this와 that
은 기호로 $\tilde{1}$라고 하기로 한다. 이때 this는 $_1\tilde{1}$ 이라 하고, that은
$_2\tilde{1}$ 이라 하기로 한다.

N23

아래 그림은 N21에서 가져온 민물박스이다.

M1	M2	M3
1	4	8
2	5	
3	6	
	7	

위 그림에서 2를 달리 **형용사**라고 한다. 형용사란 **어떠하냐?** 는

물음에 '**어떠하다**'로 대답할 때의 **어떠한** 에 해당하는 말이다.

N24

아래 그림은 N17에서 가져온 에스 큐브(S Cube, S Table)이다.

$$\text{A a} \quad | \quad \text{A b}$$
$$(S_1) \qquad \quad (S_2)$$

$$\text{A c A} \quad | \quad \text{A d A (b)}$$
$$(S_3) \qquad \quad (S_4)$$

위 에스 큐브 중, S_1의 **a** 뒤에 민물박스 안의 민물숫자 1~8까지를 차례대로 넣어 보면, 3·4·8 등이 주로 오는 것을 알게 된다.

M1	M2	M3
1	4	8
2	5	
3	6	
	7	

그리고 어쩌다, 그 말에 대한 뜻풀이를 한다거나 할 때는 1~8까지 모두 올 수 있음을 알게 된다.

N25

아래 그림은 N17에서 가져온 에스 큐브(S Cube, S Table)이다.

$$A\ a \qquad A\ b$$
$$(S_1) \qquad\quad (S_2)$$

$$A\ c\ A \quad A\ d\ A\ (b)$$
$$(S_3) \qquad\quad (S_4)$$

N24처럼 위 에스큐브 중, S_3의 c 뒤에 민물박스 안의 민물숫자를 1~8까지 차례대로 넣어 보면 1·4·5·8 이 주로 오는 것을 알게 된다.

N26

아래 그림은 N17에서 가져온 에스 큐브(S Cube, S Table)이다.

$$A\ a \qquad A\ b$$
$$(S_1) \qquad\quad (S_2)$$

$$A\ c\ A \quad A\ d\ A\ (b)$$
$$(S_3) \qquad\quad (S_4)$$

N24~25처럼, 위 에스 큐브 중, S_4의 (b) 뒤에 민물박스 안의 민물숫자를 1~8까지 차례대로 넣어 보면, 1~7까지 오는 것을 알게 된다.

A d A (be) 1

A d A (be) 2

A d A (be) 3

A d A (be) 4

A d A (be) 5

A d A (be) 6

A d A (be) 7

이렇게 해서, 에스 큐브의 S_2와 S_4에는 민물숫자 1~7까지가 올 수 있으나, 에스 큐브의 S_1과 S_3에는 민물숫자가 제한적으로 온다는 차이점을 알게 되었다.

a동사와 c동사를 **L동사**라고 하고, b동사와 d동사를 **R동사**라고 하면, 민물숫자 1~7까지가 올 수 있는 지를 기준으로, 1~7까지가 올 수 없으면 L동사, 올 수 있으면 R동사가 만들어지게 된다.

N27

아래 그림은 N17에서 가져온 에스 큐브(S Cube, S Table)이다.

A a
(S_1)

A b
(S_2)

A c A
(S_3)

A d A (b)
(S_4)

N24~25와 같은 방법으로, 위 에스 큐브의 $S_1 \cdot S_2 \cdot S_3 \cdot S_4$ 맨 앞에 있는 **첫 A** 에 민물숫자 1~8까지를 모두 넣어 보면 주로 1 · 4 · 5 · 8 을 넣을 수 있음을 알게 된다.

이때 재미있는 것은 4 또는 8을 It으로 쓴 다음 4와 8은 뒤로 넘길 수 있다는 점을 발견하게 된다는 것이다.

N28

아기는 뭔가 물어 볼 때는, 동사 $a \cdot b \cdot c \cdot d$ 를 이루고 있는 말 (모듬동사) 중 첫 낱말을, **첫 A** 앞으로 넘긴다는 사실을 알았을 것이다.

동사를 이루고 있는 낱말에서, 첫 낱말을 엡실론(ε)이라고 하면 아래 그림처럼 나타낼 수 있다.

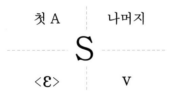

위와 같은 그림을 민다이어그램(민그림, Meen diagram)이라고 한다. 아래 그림은 문장에서의 좀 더 현실적인 순서를 **좌에서 우로** 나타낸 것이다.

$$\begin{array}{c|c} \text{첫 A} & \text{나머지} \\ \hline \langle\varepsilon\rangle & \mathrm{v} \end{array}$$

민다이어그램에서는 좌우와 상하가 다르다.

위 그림은 민다이어그램의 상하를 보여주는 그림이다. 민다이어그램의 위쪽에는 민물박스의 민물숫자(나머지 숫자)들이 오고, 아래쪽에는 S큐브의 동사숫자(큐브숫자)가 온다.

동사숫자는 '제1동사, 제2동사, 제3동사, 제4동사'에서의 숫자를 일컫는 말이다. 문장은 동사를 기준으로 제1동사가 있으면 제1문장이라 하고 기호로 S_1, 제2동사가 있으면 제2문장이라 하고 기호로 S_2, 제3동사가 있으면 제3문장이라 하고 기호로 S_3, 제4동사가 있으면 제4문장이라 하고 기호로 S_4라고 한다.

$$S_1 \quad | \quad S_2$$

$$S_3 \quad | \quad S_4$$

위와 같은 그림을 'S큐브 또는 S테이블'이라고 한다. S기호 오른쪽 아래의 숫자를 **동사숫자** 또는 **큐브숫자**(Cube number)라고 한다.

N21의 민물박스 안의 민물숫자 1m 에는 입자가 있는 것과 입자가 없는 것이 있다는 것을 알게 되었을 것이다.

입자가 있는 것을 **유물**(洧物)이라고 하고, 입자가 없는 것을 **무물**(撫物)이라고 한다.

다시, 입자로 되어있는 것은 누군가가 낳아서 온 것과 그렇지 않은 것이 있다는 것을 알게 되었을 것이다. 누군가가 나아서 온 것을 **생물**(生物)이라 하고, 그렇지 않은 것을 타물(妥物)이라고 한다.

c 심물	d 속물
b 타물	a 생물

그리고 입자가 없는 **무물**에는, 생물 같은 존재와 그렇지 않은 존재가 있다는 것을 알게 되었을 것이다. 입자가 없으면서 생물 같은 존재를 **속물**(束物)이라 하고, 그렇지 않은 것을 **심물**(沁物)이라고 한다.[7]

생물을 기호로 나타내면 1^a가 되고, 타물을 기호로 나타내면 1^b가 되고, 심물을 기호로 나타내면 1^c가 되고, 속물을 기호로 나타내면 1^d가 된다.

---

[7] 『예수는 처녀생식으로 오시 않았다』 민서회 지음 서울 2011. 도시출판 생소사, 102~108쪽.

N30

아래 그림은 N21에서 가져온 민물박스이다.

M1	M2	M3
1 2 3	4 5 6 7	8

민물숫자 1에는 다시, 셀 수 있는 것과 셀 수 없는 것이 있다는 것을 알게 되었을 것이다.

셀 수 있는 것을 **셀있명사**(셈명사, 가산명사)라고 하고, 셀 수 없는 것을 **셀없명사**(불가산명사)라고 한다.

셀 수 있는 셀있명사 중, 하나(단수)는 1^1 이라고 표시하고, 하나 이상(복수)은 1^2 라고 나타내기로 한다.

만일 호랑이 세 마리를 기호로 나타내야 한다면 1^{2a} 가 되고, 연필 한 자루를 나타낸다면 1^{1b} 로 나타낼 수 있다. 단수와 복수를 먼저 쓰고, 그 뒤에 존재의 분류를 나타내는 a, b, c, d 를 추가한다.

N31

다음 그림은 N21에서 가져온 민물박스이다.

M1	M2	M3
1 2 3	4 5 6 7	8

아기들은, 위 민물박스의 민물숫자가 21 순으로 오면 앞의 2가 뒤의 1의 의미를 좁히는 것을 알게 되었을 것이다.

21이 있을 때, 1이 셀 수 있고 하나일 때는 2에 a 또는 an 이 온다는 사실도 알게 되었을 것이다. 이때 발음을 쉽게 내기 위해, 바로 뒤의 발음이 모음이면 an, 자음이면 a를 쓴다.

이 때의 a 또는 an 은 기호로 2̇ 이라고 나타내기로 한다.

나아가, 상대방이 알거나 안다고 생각되는 것에는 the를 붙인다는 것도 알게 되었을 것이다.

the는 기호로 2̄라고 나타내기로 한다.

this, that은 기호로 2̃라고 표시하기로 하고, 그 외 나머지 형용사는 그냥 2라고 표시하기로 한다. 즉 형용사가 3개 있으면 222 라고 하는 것이다.

N32

다음 그림은 N17에서 가져온 에스 큐브(S Cube, S Table)이다.

$$S_1 \quad | \quad S_2$$
$$\text{-----------------}$$
$$S_3 \quad | \quad S_4$$

아이들은 위 에스 큐브의 각 동사마다 기본형과 확장형이 있다는 것을 알았을 것이다. 그리고 기본형에는 기본1형, 기본2형, 기본3형, 기본4형이 있으며 확장형에도 확장1형, 확장2형, 확장3형, 확장4형이 있다는 것을 알았을 것이다.

가령 go에는 1) 기본1형 go 2) 기본2형 went 3) 기본3형 have gone 4) 기본4형 had gone 5) 확장1형 Σ go 6) 확장2형 Σ' go 7) 확장3형 Σ have gone 8) 확장4형 Σ' have gone 이 있다는 것을 알았을 것이다.

이를 기호로 표시하면 $S_1{}^1 \cdot S_1{}^2 \cdot S_1{}^3 \cdot S_1{}^4$

$S_{\Sigma 1}{}^1 \cdot S_{\Sigma 1}{}^2 \cdot S_{\Sigma 1}{}^3 \cdot S_{\Sigma 1}{}^4$ 가 된다. 확장동사는 다음과 같이 달리 나타낼 수 있다.

$S_{\Sigma^1 1} \cdot S_{\Sigma^2 1} \cdot S_{\Sigma^3 1} \cdot S_{\Sigma^4 1}$

be에서는 1) 기본1형 am/are/is 2) 기본2형 was/were 3) 기본3형 have been 4) 기본4형 had been 5) 확장1형 Σ be 6) 확장2형 Σ' be 7) 확장3형 Σ have been 8) 확장4형 Σ' have been 이 있다는 것을 알았을 것이다.

이를 기호로 표시하면 $S_{2^1} \cdot S_{2^2} \cdot S_{2^3} \cdot S_{2^4}$

$S_{\Sigma 2^1} \cdot S_{\Sigma 2^2} \cdot S_{\Sigma 2^3} \cdot S_{\Sigma 2^4}$ 가 된다. 확장동사는 다음과 같이 달리 나타낼 수 있다.

$S_{\Sigma^1 2} \cdot S_{\Sigma^2 2} \cdot S_{\Sigma^3 2} \cdot S_{\Sigma^4 2}$

홀수형으로 문장이 시작되면 그 뒤에는 1~4까지 모든 형이 올 수 있으나, 짝수형으로 문장이 시작되면 그 뒤에는 짝수형이 오게 된다. 위 내용은 기존 학계에서 아직 다루지 않은 부분이다.

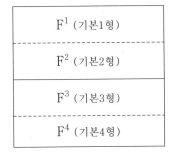
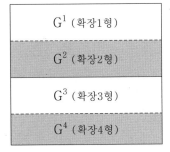

위 왼쪽 그림을 **F 스퀘어**(F square) 라고 하고, 오른쪽 그림을 **G 스퀘어**(G square)라고 한다.

F는 floor의 머리글자이고 G는 gloor의 머리글자이다. gloor는 floor에서 첫 글자 f를 g로 바꾼 말이다. 더 필요하면 f g h i j 순으로 floor의 첫 글자를 바꾸어 gloor, hloor, iloor, jloor 등의 신조어를 만들 수 있다.

33

1. 델타문(δ sentence)

가능성이 없거나 희박한 문장을 델타문(δ sentence)이라고 한다. 영어에서의 δ문장에는 δ1과 δ2 이렇게 두 가지가 있다. δ1은 과거가 아닌 문장 즉 과비(過非)에 대한 문장이고, δ2는 과거(過去)에 대한 문장이다. 아기들은 이것을 알았을 것이다.

일반적으로 δ1에서는 동사2형을 사용하고, δ2에서는 동사4형을 사용하되, 자생절에 조동사를 넣어야 한다.

δ1에서는 그 의미된 바는 동사1형이지만, 그 드러난 형태는 동사2형이 되는 것이다. 그리고 δ2에서는 그 의미된 바는 동사3형이지만, 그 드러난 형태는 동사4형이 된다.

자생절은 에스큐브로 이루어진 절이다. 자생절의 의미가 받아들여지면 그것을 **문장**이라고 한다. 반면 파생절은 자생절의 일부분으로 쓰이는 절이다.[8]

If I **was** you, I **would fly** to you.
내가 너라면, 너에게 날아갈 거 같다.

위 문장의 내용은 과거가 아닌 과비이다. 따라서 δ1문장이다.

위 문장의 기본식은, $\gamma_{2^2}^{f\,\mathring{i}_1}\,{}^{\mathring{i}_2},\ \mathring{i}_1\,S^{\delta}_{\Sigma^1 1^2}\,3(\mathring{3}\,\mathring{i}_2).$ 이다.[9] S기호의 오른쪽 위에 있는 δ는 δ문장을 의미하는 기호이다. 위 식에서 동사부분을 달리 다음과 같이 나타낼 수도 있다.

---

8) 『큐브 영문법은 다르다 (1)』 민서희 지음 서울 2016. 도서출판 생소가, 12, 15쪽
9) 기본동사와 확장동사를 이용한 간단한 식은 f F², G² 이다.

$$f \; \mathring{i}_1 \quad \underset{2^2}{Y} \quad \mathring{i}_2, \; \mathring{i}_1 \underset{\Sigma^{12}1}{\subset} 3(\mathring{3} \; \mathring{i}_2).$$

If I **had been** you, I **would have flied** to you.
내가 너였다면, 너에게 날아갔을 거 같다.

위 문장의 내용은 과거이다. 따라서 $\delta 2$문장이다. $\delta 2$에서는 동
사4형을 사용하니까,
$$f \; \mathring{i}_1 \quad \underset{2^4}{Y} \quad \mathring{i}_2, \; \mathring{i}_1 \underset{\Sigma^1 1^4}{\subset} {}^{\delta} 3(\mathring{3} \; \mathring{i}_2).$$
이 기본
식이 된다.10) 이때 동사부분을 달리 표시하여 다음과 같이 할 수
도 있다.
$$f \; \mathring{i}_1 \quad \underset{2^4}{Y} \quad \mathring{i}_2, \; \mathring{i}_1 \underset{\Sigma^{14}1}{\subset} 3(\mathring{3} \; \mathring{i}_2).$$

2. 에타문(η sentence)

가능성이 있는 문장을 에타문(η sentence)이라고 한다. 과거는 가
능성이 없기 때문에 에타문에는 과거에 대한 문장이 없다. 즉 에
타문에는 동사1형과 동사3형만 쓸 수 있다.

If I **have** time tomorrow, I **will** go there.
만일 내가 내일 시간이 있으면, 나는 거기에 가겠다.

위 문장은 가능성이 있는 에타문이다. 위 문장을 가능성이 없거
나 희박한, 델타문으로 바꾸면 아래와 같이 된다.

If I **had** time tomorrow, I **would** go there.
만일 내가 내일 시간이 있다면, 나는 거기에 갈 거 같다.
(하지만 시간이 없다.)

---

10) 기본동사와 확장동사를 이용한 간단한 식은 f F^4, G^4 이다.

아기들은 또한 낱말(단어)에도 구조가 있다는 것을 알았을 것이다.

예를 들어, ambitious = amb + it + ous 라는 것을 알았을 것이다. amb는 around라는 의미이고, it은 가다라는 의미이고, ous는 형용사를 만드는 접미사이다.

$$^2\ \text{Ш}\ ^{\dot{3}}\ ^2_{\ \ 1}$$

위와 같은 그림을, 민물의 낱말식이라 한다. 위 그림에서 Ш는 낱말식을 의미하는 기호이다. Ш는 word의 맨 앞 글자를 가져와 만든 것이다. 낱말기호 Ш 왼쪽은 품사의 세계이다. Ш 오른쪽은 민다이어그램(민그림, Meen diagram)에서와 같이 위쪽은 민물숫자를, 아래쪽은 동사숫자를 의미한다. 2는 아래의 물결(~)은 품사를 만드는(결정하는) 말이라는 의미이다.

다른 예를 들면, amphibion = amphi + bi + an 이다. amphi는 both를, bi는 생명을, an은 생물을 의미한다.

$$^1\ \text{Ш}^a\ ^{\dot{3}}\ ^1\ ^1 \qquad \text{(앙티 낱말식)}$$

$$^1\ \text{Ш}^e\ ^{\dot{3}}\ ^2\ ^1 \qquad \text{(에티 낱말식)}$$

위 낱말식에서, 낱말기호 왼쪽의 1은 명사를 의미하고, 낱말기호 오른쪽 위는 민물숫자를 의미한다. 따라서 3은 부사를, 1은 명사를 의미하며, 2는 형용사를 의미한다. 그리고 a는 앙티식을, e는 에티식을 의미한다. 드러난 형태측면의 식을 앙티식, 의미된 내용

측면의 식을 에티식이라 한다.

또 다른 예를 들면, amble = amb + le 이다. amb는 around를, le는 go를 의미한다.

$$_1 \sqcup\!\sqcup \,^{\dot{3}}_{\;1}$$

위 낱말식에서, 낱말기호 왼쪽 아래의 1은 제1동사를 의미하고, 낱말기호 오른쪽 위의 $\dot{3}$은 부사를, 그 아래의 1은 제1동사를 의미한다.

또한, 아래와 같은 낱말도 민물식으로 나타낼 수 있다.

1. Peter

$$^1 \sqcup\!\sqcup \, a \;\; _1 1_3{}^{1a}$$

2. Happy

$$^2 \sqcup\!\sqcup \, a \;\; 2$$

3. up

$$^{\dot{3}} \sqcup\!\sqcup \, a \;\; \dot{3}_2{}^{31}$$

어른처럼 생각하기

위에서는 아기가 영어를 배우는 과정을 귀납적으로 재구성하여 살펴보았다. 아래에서는 거꾸로, 어른의 시각으로 연역적으로 살펴 볼 것이다. 이 둘을 같이 본다면 더 좋을 것이다. K1, K2는 순서를 의미한다.

K1

$$S \rightarrow SL + SR$$

위 식은, S는 SL과 SR로 이루어졌음을 의미한다. 즉 전체(S)는 부분(SL, SR)의 합으로 이루어졌음을 의미한다.

앞으로 위와 같이 쓸 수 있는 식은, '전체는 부분을 지배한다' 또는 '왼쪽은 오른쪽을 지배한다' 라고 하기로 약속한다. 그리고 왼쪽을 어상(語上), 오른쪽을 어하(語下) 라고 하기로 한다. 또한 이러한 식에서, SL과 SR의 관계를 어평(語平) 이라 하기로 약속한다. 즉 SL은 SR의 어평이고, SR은 SL의 어평이 된다. 어평을 형제(또는 자매)라는 의미로 이해하면 쉬울 것이다.

위 식에서,

S 는 문장을 의미하는 문장기호이다. 문장기호 S는 문장을 의미하는 낱말 Sentence의 머리글자에서 가져온 것이다.

→ 는 '앞의 것은 뒤의 것과 같이 이루어져 있다' 라는 의미로, 수학에서의 = 과 같다.

+ 는 왼쪽 것에 이어서 오른쪽 것이 나온다는 의미이다.

SL 은 아래 그림처럼, 어떤 한 문장을 좌우로 나눈 것 중 왼쪽 것을 의미한다.

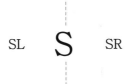

SR 은 위 그림처럼 어떤 한 문장을 좌우로 나눈 것 중 오른쪽 것을 의미한다.

K2

$$\boxed{\text{SL} \rightarrow <\varepsilon> + \text{EP}}$$

위 식에서, SL은 어상(語上)이고 '<ε> + EP' 는 어하(語下)이다. 그리고 <ε> 와 EP 는 서로에게 어평(語平)이 된다. 어평이 여러 개 등장할 때 위쪽의 어평을 상어평이라 하고, 아래쪽의 어평을 하어평이라 한다. 따라서 SL과 SR은 상어평(上語平)이 되고, <ε> 와 EP 는 하어평(下語平)이 된다. 그리고 지배관계에 있지 않은 즉 어상과 어하관계가 아닌 상어평과 하어평과의 관계를 지통(支通)이라 하기로 한다. 지통은, 삼촌과 조카관계로 이해하면 쉬울 것이다.[11]

위 식에서,

---

11) 이와 같은 이론은 나무그림에서 빌려 온 것이다.

SL 은 아래 그림처럼, 어떤 한 문장을 좌우로 나눈 것 중 왼쪽 것을 의미한다.

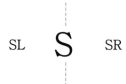

→ 는 '앞의 것은 뒤의 것과 같이 이루어져 있다' 라는 의미이다.

〈 〉는 올 수도 있고, 안 올 수도 있음을 의미한다.

Ɛ 는 엡실론이라고 읽는다. 엡실론은 모듬동사(동사구, 묶음동사) 중 맨 앞의 낱말을 일컫는 말이다. 모듬동사는 하나 이상의 낱말로 이루어진 동사를 이르는 말이다. 동사가 하나로 되어 있으면 바로 그 낱말이 엡실론이 된다.

문장을 공간에 나타내기 위해, SL을 위아래로 나누어 다음 그림과 같이, 〈Ɛ(엡실론)〉을 아래에 배치하기로 한다.

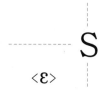

+는 왼쪽 것에 이어서 오른쪽 것이 나오는 것을 의미한다.

EP 는 온말을 나타내는 기호이다. 온말이란 <u>모든 말</u>을 달리 이르는 말이다.

온말은 의미를 기준으로, 의미가 있는 실사(MP, 의미말)와 의미가 없는 허사(M̃P, 무미말)로 나눌 수 있다.

실사는 다시 '명사 · 파사 · 기사'로 나눌 수 있다. 명사(NP, 洺詞)는 존재나 존재의 일부를 드러내는 말이고, 파사(ÑP, 派詞)는 다른 것에서 의미를 가진 채 파생되어 온 말이다. 기사(N̊P, 其詞)는 실사 중 명사와 파사가 아닌 나머지를 이르는 말이다.

		명사 (NP)
온말 (EP)	실사 (MP)	파사 (ÑP)
		기사 (N̊P)
	허사 (M̃P)	

문장을 공간에 나타내기 위해, SL을 위아래로 나누어 아래 그림과 같이, 온말(EP)을 위에 배치하고, **<ε(엡실론)>**을 그 아래에 배치하기로 한다.

$$\boxed{\text{SR} \leftarrow \text{V} + \text{EP}, \ 10}$$

위 식에서,

SR 은 아래 그림처럼, 문장을 좌우로 나눈 것 중 오른쪽을 의미한다.

← 는 '앞에는 뒤의 것 중에 하나가 올 수 있다' 라는 의미이다.

V 는 홀로 또는 모듬으로 SL의 EP를 풀이(설명)하는 말을 이르는 말이다.

홀로 풀이하는 것을 홀로동사라 하고, 모듬으로 설명하는 것을 모듬동사라고 한다. 모듬이란 하나 이상의 낱말로 이루어진 것을 일컫는 말이다.

+ 는 왼쪽 것에 이어서 오른쪽 것이 나오는 것을 의미한다.

EP 는 온말을 나타내는 기호이다. 온말이란 모든 말을 달리 이르는 말이다.

온말은 의미를 기준으로, 의미가 있는 실사(MP, 의미말)와 의미가 없는 허사(M̃P, 무미말)로 나눌 수 있다.

실사는 다시 '명사·파사·기사'로 나눌 수 있다. 명사(NP, 洺詞)는 존재나 존재의 일부를 드러내는 말이고, 파사(ÑP, 派詞)는 다른 것에서 의미를 가진 채 파생되어 온 말이다. 기사(ṄP, 其詞)는 실사 중 명사와 파사가 아닌 나머지를 이르는 말이다.

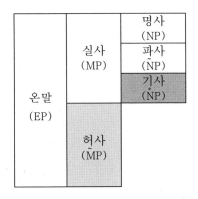

문장을 공간에 나타내기 위해, SR을 위아래로 나누어 온말(EP)을 위에 배치하고, 동사(V)를 그 아래에 배치한다. 필요에 따라 SR의 온말(EP)을 좌우로 나누어 EP EP라고 하면 다음 그림을 얻을 수 있다.

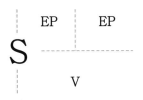

K2의 SL 그림과 위 그림을 하나로 합치면 아래 그림을 얻을 수 있다.

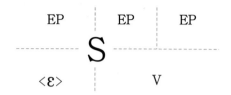

위와 같은 그림을 민다이어그램(민그림, Meen diagram)이라고 한다. 위 그림을, 문장이 이루어지는 순서에 들어맞도록 하기 위해, 약간 움직여 좌에서 우로 말하는 순서에 따라 나타내면 아래와 같은 그림이 된다.

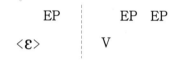

SL의 EP는 동사에 의해 풀이 되는 말이기 때문에, **풀되말**이라고 할 수 있다. 풀되말을 달리 주어라고 한다. 주어를 형식논리로 이야기하면, 주어란 SL의 EP를 이르는 말이 된다.

10 은 SR에 오는 절을 나타내는 기호이다. 이러한 절은 에스큐브로 이루어진 **자생절**로 만든다. 반면 파대표를 필요로 하는 절은 숫자 8로 나타낸다.

동사는 명사를 요구하지 않는 1차동사와 명사를 요구하는 2차동사로 나눌 수 있다.

1차동사는 다시 be동사와 그 나머지로 나누어, be동사가 없는 문장을 S_1, be동사가 있는 문장을 S_2 라고 한다.

2차동사 역시, 동사가 요구하는 명사만 있으면 되는 문장과 동사가 요구한 명사와 그 명사 뒤의 말 사이에 be를 넣었을 때 의미상 S_2 문장이 되는 것으로 나눌 수 있다. 동사가 요구하는 명사만 있으면 되는 문장을 S_3, 의미상 S_2 문장이 되는 것을 S_4 라고 한다.

위에서 이야기한 네 개의 문장을 아래 그림처럼 펼쳐 놓을 수 있는데 이를 **에스큐브**(S Cube)라고 한다. 에스큐브에 대한 더 많은 이야기는 N6(26~27쪽)을 참조하기 바란다.

$$S_1 \quad \vdots \quad S_2$$

$$S_3 \quad \vdots \quad S_4$$

한국어나 중국어에서는 아래 문장 같은, 절로 된 SR이 가능하다. 하지만 영어에서는 절로 된 SR은 불가능하다. 이것이 한국어(또는 중국어)와 영어의 큰 차이점 중 하나이다.

코끼리는 코가 길다.
大象 鼻子 长。

위 문장을 민물식으로 나타내면 아래와 같이 된다.

$$1_3{}^a \; \mathrm{Y} \; {}_{0^1}$$

$$1_3{}^a \; \mathrm{S} \; 10 \, .$$

위 민물식에서 0은 동사처럼 쓰이는 형용사(일본어에서의 형용동사)를 나타내는 기호이다.

$$V \rightarrow \varepsilon + \omega$$

위 식에서,

V 는 지나간 것을 설명(풀이)하기 위해 과거형이 있는 말을 이르는 말이다. 이를 동사(動詞, 订詞)라고 한다.

동사는 홀로 또는 모듬으로 SL의 EP를 풀이(설명)한다. 홀로 풀이하는 것을 홀로동사라 하고, 모듬으로 풀이하는 것을 모듬동사라고 한다. 모듬이란 하나 이상의 낱말로 이루어진 것을 일컫는 말이다.

ε 는 엡실론이라고 읽는다. 엡실론은 모듬동사 중 맨 앞에 오는 낱말을 이르는 말이다. 홀로동사는 그 자체로 엡실론이 된다.

엡실론은 한 문장에서 핵심이 되는 말이다. 그 이유는 엡실론의 많은 기능 때문이다. 엡실론의 기능 중 일부는 다음과 같다. 1) 문장의 시간을 결정한다. 2) 그 앞에 풀이되는 말이 올 것을 요구한다. 풀이되는 말을 풀되말 이라고 하고, 이를 달리 주어라고 한다. 3) 엡실론이 주어 앞으로 나가면 의문문이 된다. 4) 엡실론 뒤에 not을 놓으면 부정문을 만든다. 5) not을 데리고 주어 앞으로 넘어가면 부정의문문이 된다. 6) 파생절에서는 파생절의 맨 앞에 파대표가 있을 것을 요구한다. 7) 파생절에서 엡실론이 문장 밖으로 나올 때는, 즉 문장으로부터 이탈할 때는 그 앞의 주어와 파대표를 데리고 탈락한다.

ω 는 오메가라고 읽는다. 오메가는 모듬동사 중 엡실론을 제외한 나머지 부분을 이르는 말이다. 홀로동사는 엡실론이면서 오메가인 아주 특이한 동사이다.

$$\boxed{\text{V} \leftarrow 1\text{V}, \ 2\text{V}, \ 3\text{V}, \ 4\text{V}}$$

위 식에서,

V 는 지나간 것을 설명하기 위해, 움직여 과거형으로 변하는 말
을 일컫는 말이다. 이러한 말을 **동사**(動詞, 订詞)라고 한다. 동사는
그 뒤에 오는 것들에 따라 크게 1V·2V·3V·4V 가 있다. 이를
달리 aV·bV·cV·dV 라고 한다.

동사는 홀로 또는 모듬으로 SL의 EP를 풀이(설명)할 수 있다.

홀로 풀이하는 것을 홀로동사라 하고, 모듬으로 풀이하는 것을
모듬동사(동사구, 묶음동사)라고 한다. 모듬이란 하나 이상의 낱말로
이루어진 것을 일컫는 말이다.

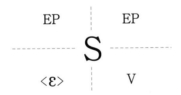

← 는 '앞에는 뒤의 것 중에 하나가 올 수 있다' 라는 의미이다.

1V 는 제타동사(ʒ, be 아닌 동사) 중, 동사 뒤에 NP(명사)가 올 것
을 요구하지 않는 것들을 나타내는 기호이다.

1V를 문장기호 S의 오른쪽 아래에 쓸 때에는 V를 생략하고 1
만 써서 S_1이라고 쓰기로 한다.

예문) **제1동사**

Water **flows.**
물이 흐른다.

위 문장의 동사를 제1동사(1V) 또는 a(에이)동사라고 하고, 제1동사가 있는 문장을 제1문장이라고 한다.

제1문장을 S_1 이라고 나타내면 식이 된다. 이와 같은 식을 민물식이라고 한다. 민물식은 민그림(Meen diagram)을 그 바탕에 두고 있는 언어식이다. 문장기호 S의 오른쪽 아래에 쓸 때에는 V를 생략하고 쓰기 때문에, 위 문장을 민물식으로 나타내면 $^1S_1$이 된다.

2V 는 be동사를 의미하는 기호이다. 문장기호 S의 오른쪽 아래에 쓸 때에는 V를 생략하고 쓴다.

예문) **제2동사**

I **am** Korean.
저는 한국인입니다.

위 문장의 동사를 제2동사 또는 b동사라고 하고, 제2동사가 있는 문장을 제2문장이라고 한다.

제2문장은 S_2 라고 나타낸다. 문장기호 S의 오른쪽 아래에 쓸 때에는 V를 생략하고 쓰기 때문에, 위 문장의 식은 $^1S_2^1$ 이 된다.

1V(제1동사)와 2V(제2동사)를 자동사 또는 1차동사라고 한다. 동사 중 자동사가 아닌 것을 타동사 또는 2차동사라고 한다. 타동사는 동사 뒤에 NP(명사)가 올 것을 요구하는 동사이다.

3V 는 타동사 중 d 동사가 아닌 동사이다. d(디)동사는 타동사 바로 뒤의 명사(NP)와 그 뒤의 온말(EP) 사이에 be를 넣었을 때 의미상 S_2문장이 되도록 하는 동사이다.

예문) **제3동사**

I like pizza.
나는 좋아한다, 피자를.

위 문장의 민물식은 $^1S_3{}^1$ 이다. 위 문장의 동사를 3V(제3동사) 또는 c 동사라고 한다. 제3동사가 있는 문장을 제3문장이라고 하는데, 제3문장은 S_3 이라고 나타낸다.

4V 는 타동사 중 d 동사를 이르는 말이다. d(디)동사는 타동사 바로 뒤의 명사(NP)와 그 뒤의 온말(EP) 사이에 be를 넣었을 때 의미상 S_2문장이 되도록 하는 동사이다.

예문) **제4동사**

They elected him President.
사람들은 선출했다, 그를 대통령으로.

위 문장의 민물식은 $^1S_4{}^{11}$ 이다. 위 문장의 동사를 4V(제4동사) 또는 d 동사라고 한다. 4V(제4동사)가 있는 문장을 제4문장이라고 하는데, 제4문장은 S_4 라고 나타낸다.

K6

$$EP \leftarrow 1, 2, 3, 4, 5, 6, 7, 8$$

위 식에서,

EP 는 온말을 나타내는 기호이다. 온말이란 <u>모든 말</u>을 달리 이르는 말이다.

온말은 의미를 기준으로, 의미가 있는 실사(MP, 의미말)와 의미가 없는 허사(M̃P, 무미말)로 나눌 수 있다.

실사는 다시 '명사·파사·기사'로 나눌 수 있다.

온말 (EP)	실사 (MP)	명사 (NP)
		파사 (ÑP)
		기사 (ṄP)
	허사 (M̃P)	

명사(NP, 洺詞)는 존재나 존재의 일부를 드러내는 말이고, 파사(ÑP, 派詞)는 다른 것에서 의미를 가진 채 파생되어 온 말이다. 기사(ṄP, 其詞)는 실사 중 명사와 파사가 아닌 나머지를 이르는 말이다.

문장을 공간에 나타내기 위해, SL과 SR을 위아래로 나누어 다음 그림과 같이, 배치하기로 한다.

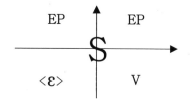

위 그림을 민다이어그램(민그림, Meen diagram)이라고 한다. 위 그

림에서, 별다른 이야기가 없으면, 보이든 보이지 않든 가로선은 수평선 또는 x축이라 하고, 세로선은 y축이라고 하기로 한다. 그리고 위 그림을, 문장이 이루어지는 순서에 들어맞도록 하기 위해, 약간 움직여 좌에서 우로 말하는 순서대로 나타내면 아래 그림과 같이 된다.

EP   EP
(P1)   (P3)

$\langle \varepsilon \rangle$ V
(P0)   (P2)

위 그림의 기호를, 좌에서 우로 순서대로 P0, P1, P2, P3 라고 한다.

← 는 '앞에는 뒤의 것 중에 하나가 올 수 있다' 라는 의미이다.

1

1은 명사를 나타내는 기호이다. 명사란 존재나 존재의 일부를 드러내는 말이다. 드러내는 방법에 따라, 이름으로 드러내면 이름명사, 가리켜서 드러내면 지시명사, 인칭으로 드러내면 인칭명사 등으로 부르기로 한다.

인칭명사의 인칭은 $\overset{\circ}{1}_1 \cdot \overset{\circ}{1}_2 \cdot \overset{\circ}{1}_3$ 이라 쓰고, **이름명사**는 1 이라 쓰기로 한다.

1의 구체적인 내용은 1()를 사용한다.

1()

1()은, 1의 구체적인 내용은 오른쪽 괄호 안에 있다는 것을 의미하는 기호이다. 따라서 1을 앞에서 꾸며주는 말들은, 1의 오른쪽 괄호 안에서 자세히 밝혀야 한다. 그리고 1을 뒤에서 꾸며 주는 것들은 1과 대등하게 쓰고, 오른쪽 어깨에 ' 표시를 하기로 한다. 그리고 1()의 의미는, '1은 전체를, ()는 부분의 합을 의미' 하기 때문에, '1은 ()를 지배한다' 라는 의미가 된다. 따라서 1을 어상(語上)이라 하고, ()를 어하(語下)라고 한다.

1()는 아래와 같은 방식으로 사용할 수 있다.

$$NP \rightarrow 1(1)$$　　　　e.g.　Mary, you, he
$$NP \rightarrow 1(1 \ \& \ 1)$$　　e.g.　Mary and Jane

$$NP \rightarrow 1(\dot{2} \ 1)$$　　　　e.g.　a book
$$NP \rightarrow 1(\dot{2} \ 2 \ 1)$$　　　e.g.　a blue book
$$NP \rightarrow 1(\dot{2} \ 2 \ 2 \ 1)$$　　e.g.　a big blue book

$$NP \rightarrow 1(\overline{2} \ 1)$$　　　　e.g.　the man
$$NP \rightarrow 1(\overline{2} \ 2 \ 1)$$　　　e.g.　the big book
$$NP \rightarrow 1(\overline{2} \ 2 \ 2 \ 1)$$　　e.g.　the big blue book

$$NP \rightarrow 1(_1\tilde{2} \ 1)$$　　　　e.g.　this man
$$NP \rightarrow 1(_2\tilde{2} \ 2 \ 1)$$　　　e.g.　that big book
$$NP \rightarrow 1(_1\tilde{2} \ 2 \ 2 \ 1)$$　　e.g.　this big blue book

$$NP \rightarrow 13'$$
$$\rightarrow 1(\dot{2} \ 1) \ 3'(\dot{3} \ \overline{2} \ 1)$$　e.g.　a pen on the table

2

2는 형용사를 나타내는 기호이다.

형용사란 어떠하냐? 는 물음에, 어떠하다고 대답할 때의 **어떠한**에 해당하는 말이다.

형용사를 달리 이야기하면, 형용사는 이름명사의 앞이나 뒤에서 이름명사의 의미를 좁히는 것들이다. 앞에서 좁히는 것들을 **앞형용사**라 하고, 뒤에서 좁히는 것들을 **뒤형용사**라고 한다. 형용사가 명사의 의미를 좁히는 것을 꾸며준다, 수식한다고 말한다.

$\underset{\cdot}{2}$는 a나 an을 나타내는 기호이고, $\overline{2}$는 the를 나타내는 기호이고, $\tilde{2}$는 this나 that을 나타내는 기호이다. $_1\tilde{2}$는 this, $_2\tilde{2}$는 that을 나타낸다. 이와 같은 것들을 제외한 앞형용사를 나타낼 때는 2를 사용한다.

2에 대한 정의나 설명이 필요할 때는 2를 P1에 놓을 수 있다.

3

3은 부사와 전치사구를 나타내는 기호이다.

부사란 명사 아닌 것을 꾸며 그 의미를 좁게 만드는 말이다. 부사는 동사, 형용사, 부사 그리고 문장을 꾸밀 수 있다.

$\dot{3}$은 홀로부사(낱말부사)를 나타내는 기호이다.

전치사구는 '**전치사** + <2> + 1' 형태로 이루어진 말이다. < >는 올 수도 안 올 수도 있다는 의미이다.

전치사란 부사 중, 명사의 앞에 위치하여, 명사와 하나의 묶음이
되어 쓰이는 것들을 일컫는 말이다.

3은 전치사구를 나타내는 기호이다. 3의 구체적인 정보는 3()으
로 나타낼 수 있다.

3()

3()은 3의 구체적인 내용은 오른쪽 괄호 안에 있다는 것을 의미
하는 기호이다.

in the park

위 말을 기호로 나타내면 $3(\overset{\circ}{3}\overline{2}1)$ 이 된다.

4

동사가 민다이어그램의 수평선(x축)을 넘어 위쪽으로 올라가면
민물숫자 M2의 4 · 5 · 6 · 7 가운데 하나의 모습으로 바뀌는 현상
이 일어난다. 이를 **라벤더 현상**(LP, lavender phenomenon) 이라고 한
다.

4는 to ʒ(제타)나 to be를 나타내는 기호이다. 동사는 be동사와
be동사가 아닌 것으로 나눌 수 있는데, be동사가 아닌 것을 제타
(ʒ)라고 한다.

4의 동사 관련 정보는 $4_1 \cdot 4_2 \cdot 4_3 \cdot 4_4$ 또는 $4_a \cdot 4_b \cdot 4_c \cdot 4_d$ 로 나
타낼 수 있다. 이러한 4를 to파사(to부정사)라고 한다.

I am **to be a doctor**.
나는 의사가 될 겁니다.

위 문장의 기본식은 $\dot{1}_1 \subset {}_{2^1} \, 4_2\, 1(21^a)$ 이다. 위 문장의 민물식에서 4_2는 4가 제2동사에서 왔기 때문에 to be 모습을 하고 있음을 알려주는 기호이다.

He decided **to leave Seoul**.
그는 결심했다, 서울을 떠나는 것을.

위 문장의 민물식은 $1\dot{1}_3 \subset {}_{3^2} \, 4_1\, 1.$ 이다. 위 문장의 민물식에서 4_1은 4가 제1동사 모습을 하고 있음을 알려주는 기호이다.

5

doing(동사 + ing)을 나타내는 기호이다. 5의 동사 관련 정보는 $5_1 \cdot 5_2 \cdot 5_3 \cdot 5_4$ 또는 $5_a \cdot 5_b \cdot 5_c \cdot 5_d$ 로 나타낼 수 있다. 이러한 5를 ing파사(ing쿰사)라고 한다.

예문)

I'm **trying** to help him.
나는 시도하고 있습니다, 그를 도우려고.

위 문장의 단순식은 $^1S_2{}^5 \, 41$ 이다.

6

done(동사 + ed)을 나타내는 기호이다. 6의 동사 관련 정보는 $6_1 \cdot 6_2 \cdot 6_3 \cdot 6_4$ 또는 $6_a \cdot 6_b \cdot 6_c \cdot 6_d$ 로 나타낼 수 있다. 이러한 6을

ed파사(ed쿰사)라고 한다.

예문)

I am **interested** in Anna.
나는 관심이 있는 상태이다, 아나에게.

위 문장의 단순식은 $^1S_2{}^6{}^3$ 이다.

7

being pp 를 나타내는 기호이다. 이를 달리 being pp 파사(being pp 쿰사)라고 한다.

예문)

The building has been <u>being painted</u> for five days.
그 빌딩은 페인트칠되고 있었다, 5일 동안.

위 문장의 기본식은 $\underset{2^3}{1(\overline{2}\ 1^{1b})}\ \mathsf{S}\ 7\ 3(\overset{\circ}{3}\ 1\ 1^{2c}).$ 이다.

8

파생절을 의미하는 기호이다.

예문)

I wish <u>I were rich</u>.
나는 바랍니다, 내가 부자였으면 하고.

위 문장의 단순식은 $^1S_3\ ^1\gamma_2^2$ 이다.

이상의 내용을 한 군데에 정리하기 위해, 1~3까지를 M1이라 하고, 4~7까지를 M2라 하고, 8을 M3 이라 하면 아래와 같은 그림을 얻을 수 있다.

M1	M2	M3
1 2 3	4 5 6 7	8

위와 같은 그림을 민물박스(MeenMool box) 또는 모듈박스(module box) 라고 하고, 그 안에 있는 1~8까지의 숫자를 민물숫자라고 하기로 한다. 민물숫자는 1, 2 또는 1m, 2m 등으로 나타내기로 한다.

K7

$$S \leftarrow S_1,\ S_2,\ S_3,\ S_4$$

위 식에서,

S 는 문장을 의미하는 문장기호이다. 문장기호 S는 문장을 의미하는 낱말 Sentence의 머리글자에서 가져온 것이다.

$\leftarrow$ 는 '앞의 것은 뒤의 것 중에 하나' 라는 의미이다.

S_1

S_1은 제1동사(a동사)가 있는 문장이다. S_1을 S_a라고 할 수도 있다. 제1동사는 자동사 중 be동사가 아닌 모든 동사를 이르는 말이다.

S_2

S_2는 제2동사(b동사)가 있는 문장이다. S_2를 S_b라고 할 수도 있다. 제2동사는 자동사 중 be동사를 일컫는 말이다.

S_3

S_3은 제3동사(c동사)가 있는 문장이다. S_3을 S_c라고 할 수도 있다. 제3동사는 타동사 중 d(디)동사가 아닌 모든 동사를 이르는 말이다. d(디)동사는 타동사 바로 뒤의 명사(NP)와 그 뒤의 온말 (EP) 사이에 be를 넣었을 때 의미상 S_2문장이 되도록 하는 동사이다.[12]

S_4

S_4는 제4동사(d동사)가 있는 문장이다. S_4를 S_d라고 할 수도 있다. 제4동사는 타동사 중 d동사를 일컫는 말이다. d(디)동사는 타동사 바로 뒤의 명사(NP)와 그 뒤의 온말(EP) 사이에 be를 넣었을 때 의미상 S_2문장이 되도록 하는 동사이다.

주/의/사/항

언어식(민물식)에서는, 모든 숫자를 띄어쓰기 한다. 괄호 안의 숫자 역시 띄어쓰기 한다. 하지만 숫자 옆의 괄호는 붙인다.

---

12) de(디)동사는 저자가 만든 용어이다.

K8

$$S^a \leftarrow S^a_{1234}$$

위 식에서,

S^a 는 '기표성 측면에서 보면' 이라는 의미이다. S^a 는 '에스 에이' 라고 읽는다. S^a 의 오른쪽 어깨에 있는 a(에이)는 anty(앙티)의 머리글자이다. 앙티(anty)는 시니피앙티(signifianty)를 줄인 말이다.

시니피앙티는 프랑스어 시니피앙(記標, signifiant)에 y를 붙여 저자가 만든 말이다. 시니피앙티(signifianty)란 드러난 측면 또는 그 드러남이 규칙적인 지의 여부를 의미하는 말이다. 언어에서의 드러남은 **말**과 **글** 그리고 **짓** 이다. 짓에는 몸짓, 손짓, 발짓 등이 있다.

그 드러남이 규칙적일 때 이를 '앙티하다, 기표성이 있다'고 한다. 시니피앙티(signifianty)를 한자로는 기표성(記標性)이라고 한다.

예문)

I'm **telling** the truth.
나는 말하고 있어요, 그 사실을.

위 문장의 간단한 민물식은 $^i S_{a_2}^{5\,1}$ 이다. 드러남을 의미할 때 S^a 는 있는 그대로를 기술하는 것이다. 이러한 민물식을 a민물식 또는 앙티식(앙티 민물식)이라 한다. 반면 S^e 는 생긴 모양이 아닌 의미를 기술하는 것이다.

$\leftarrow$ 는 '앞의 것은 뒤의 것 중에 하나' 라는 의미이다.

S^a_{1234} 는 각기 다른 S^a_1, S^a_2, S^a_3, S^a_4 를 한 번에 표시 한 기호이다. 위 $S \leftarrow S_{1234}$ 를 달리, $S \rightarrow S_1$ & S_2 & S_3 & S_4 라고 쓸 수도 있다. & 는 or 를 나타내는 기호이다.

S^e 는 '기의성 측면에서 보면' 이라는 의미이다. S^e 는 '에스 에' 또는 '에스 이' 라고 읽는다. S^e 의 오른쪽 어깨에 있는 e(이, 에)는 éty(에티)의 머리글자이다. éty(에티)는 시니피에티(signifiéty, 記意性)를 줄인 말이다. 시니피에티는 프랑스어 시니피에(signifié)에 ty를 붙 여 저자가 만든 말이다. 시니피에티는 의미된 측면 또는 그 의미 하는 바가 받아들여질 수 있는 지의 여부를 의미하는 말이다.

 그 의미됨이 받아들여질 때 이를 '에티하다, 기의성이 있다'고 한다. 이러한 민물식을 e민물식 또는 에티식(에티 민물식)이라 한다. 시니피에티(signifiéty)를 한자로는 기의성(記意性)이라고 한다.

예문)

 He married young.
 그는 결혼했다, 젊어서.

 위 문장의 앙티식은 $^1S^a{}_1{}^{2.}$ 이고, 에티식은 $^1S^e{}_1{}^{3.}$ 이다. S^a 는 있 는 그대로 기술하는 것이고, S^e 는 의미를 따라 기술하는 것이다.

 문장을 표시하는 기호에는 크게 S^a 와 S^e 가 있는데, 혼동되지 않을 때 S^a 는 a를 생략하여 간단히 S 라고 할 수 있다. 하지만 S^e 는 반드시 오른쪽 어깨에 e가 있어야 한다. S 는 문장을 의미 하는 문장기호이다. 문장기호 S 는 문장을 의미하는 낱말 Sentence의 머리글자에서 가져온 것이다.

이론편 부록

동사에는 원형동사, 기본동사, 확장동사가 있다. 이 세 동사는 여러 부문에 두루 쓰이게 되는 중요한 개념이다. (부록을 읽지 않아도 이 책을 읽는데 전혀 지장이 없다. 부담되시는 분들은 그냥 넘어가시면 된다.)

1. 원형동사 만들기

모든 동사를 담고 있는 아래와 같은 큐브를 동사큐브(V Cube)라고 한다.

V Cube

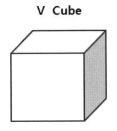

동사큐브를 좌우로 나눈 다음, 좌측을 제타(ζ)동사라 하고, 오른쪽을 Be동사라 하기로 한다. 제타 동사란 Be동사를 제외한 나머지 동사를 이르는 말이다.

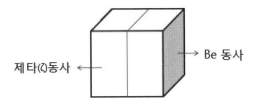

다시, 동사큐브를 위아래로 나누어 아래쪽에만 have를 넣은 다

음, 왼쪽 위를 '제타 up'이라 하고, 아래를 '제타 down'이라고 하기로 한다. 그리고 오른쪽 위를 'Be up'이라 하고, 아래를 'Be down'이라고 하기로 한다.[13]

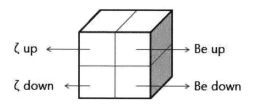

$\langle$ up ← ──┼── → Be up

$\langle$ down ← ──┼── → Be down

위 동사큐브를 정면에서 바라 본 것이 아래 그림이다.

(do') do	be
have done	have been

위 그림을 원형동사표(원형동사 테이블)라고 한다. 원형동사는 기본동사와 확장동사 등 모든 동사를 만들어 내는 근원이 되는 동사이다. 다만 원형동사에는 아직 시간이 들어있지 않은 상태이다.

---

13) 상(相, aspect)이란 '언어에 나타난, 존재의 어떤 측면을 일컫는 말'이다. 언어에 나타난 존재의 측면 중 능동측면을 능동상(能動相)이라 하고 수동측면을 수동상(受動相)이라고 한다. 능동측면의 동사를 능동 동사라고 하고 수동측면의 동사를 수동 동사라고 한다. 상(相, aspect)의 정의를 달리 이야기하면, 상(相)이란 언어에 나타나는, 사람이 세상을 바라보는, 인식의 어떤 측면을 이르는 말이 될 것이다.(『큐브 영문법은 다르다 1』 민서희 지음. 서울 2016. 도서출판 생소사. 40~41쪽.)

위 그림에서 do', be, have를 엡실론이라 한다. 엡실론이란 모듬 동사 중 맨 앞에 오는 낱말을 일컫는 말이다. 위 원형동사에서 맨 앞에 오는 낱말은 do', be, have이다.

위 그림에서, 괄호 안의 do' 는 잠자고 있는 엡실론을 의미한다.

위 두 그림을 비교하면 알 수 있듯이, do가 '제타 up' 이고, have done이 '제타 down' 이다. 그리고 be가 'Be up' 이고, have been 이 'Be down' 이다.

2. 기본동사 만들기

원형동사 각각을 다시 위아래로 나눈 다음 시간을 넣어 위를 top이라 하고, 아래를 bottom이라고 한 것이 아래 그림이다.

ζ up top (do') **do**	Be up top **am/are/is**
ζ up bottom (did') **did**	Be up bottom **was/were**
ζ down top **have pp**	Be down top **have been**
ζ down bottom **had pp**	Be down bottom **had been**

위 그림을 기본동사표(기본동사 테이블)라고 한다. 기본동사에 와서 비로소 각 방마다 위아래로 시간이 나뉘어졌다. Top은 과비(過非, 과거 아닌 것)시간을 의미하고, Bottom은 과거(過去)시간을 의미하거

나 부드러움을 나타낸다.

위 기본동사표를 제타를 기준으로 제타1형, 제타2형, 제타3형, 제타4형이라 하고 Be를 기준으로 Be1형, Be2형, Be3형, Be4형이라고 하면 아래와 같은 기본동사 2표를 얻을 수 있다. 이렇게 하면 자연히 위에 있는 그림은 기본동사 1표가 된다.

ζ^1	Be^1
do	am/are/is
ζ^2	Be^2
did	was/were
ζ^3	Be^3
have pp	have been
ζ^4	Be^4
had pp	had been

위 기본동사에서의 엡실론은 do', did', am, are, is, was, were, have, had 이다. 이 가운데 do'와 did'는 잠자고 있는 엡실론이다. 위쪽의 것을 'Top 엡실론'이라 하고, 아래의 것을 'Bottom 엡실론'이라고 한다. 그리고 Top 엡실론을 간단히 'Top 엡'이라 하고, Bottom 엡실론을 줄여 'Bottom 엡'이라고 한다.

I like pizza.
나는 좋아한다, 피자를.

He has fixed the broken TV.
그는 고친 상태이다, 고장 난 TV를.

위 두 문장의 엡실론은, 'Top 엡' 이다.

Anna **did** the homework yesterday.
아나는 숙제를 했다, 어제.

위 문장의 엡실론은, 'Bottom 엡' 이다.

만일 기본동사 1표를 Top과 Bottom을 기준으로 정리하면 아래
와 같은 그림을 얻을 수 있다. 이를 기본동사 3표라고 한다.

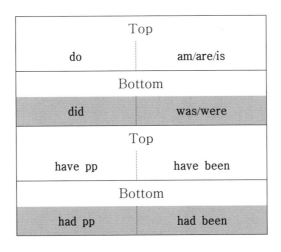

외국인을 만나 이야기할 때, 밑도 끝도 없이 정동진에서 왔다고
하면 상대방이 알아듣기 힘들 것이다. 한국(South Korea)에서 왔다
고 이야기하고, 이야기가 진행됨에 따라 한국 안의 포항, 광주,
대전, 수원 등의 구체적인 정보를 알려주어야 할 것이다.

영어에서의 시간 정보도 이와 똑같은 구조로 되어있다. 먼저
'Top 엡' 과 'Bottom 엡' 을 통해 과거인지 과거가 아닌 지 알려
주고, 보다 구체적인 시간은 뒤의 시간부사를 통해 알려준다. 이
와 같이 시간을 보는 것을 **2시간론** 이라고 한다. 2시간론은 저자

가 만든 이론이다.

만일 뒤에 시간부사가 없다면 상대방이 그 시간이 언제인지 알
수 있어서이며, 대부분 말현재를 의미한다. 말현재란 말하고 있을
때를 현재로 보는 것이다. 굳이 시간으로 이야기해야 한다면, 말
하는 2~3초 정도를 현재라고 하는 것이다.

그동안 2시간론에 대해 알지 못했기 때문에 문장에서의 시간 또
는 시간 비스무리 한 것을 모두 **시제**라는 말로 애매모호하게 써
왔고 가르쳐왔다. 그래서 배우는 사람들이 무척 힘들었다.

위 기본동사 3표를 위에서 아래로 '1층, 2층, 3층, 4층' 이라고
하면 아래 그림을 얻을 수 있다. 이를 기본동사 4표라고 한다.

F^1	
do	am/are/is
F^2	
did	was/were
F^3	
have pp	have been
F^4	
had pp	had been

위 그림에서 F는 층을 의미하는 floor의 머리글자이다. 위 그림
에서의 did는 F^2제타이고, had been은 F^4Be이다.

위 기본동사 4표를 아주 간단히 기본1형, 기본2형, 기본3형, 기
본4형 이라고 하면 다음과 같은 그림을 얻을 수 있다. 이를 기본

동사 5표라고 하고, 달리 F 스케어(F square)라고 한다.

F^1
F^2
F^3
F^4

3. 확장동사

원형동사를 위아래로 나누고, 그 앞에 $\sum^{top}$(시그마 탑)과 $\sum^{bottom}$(시그마 바텀)를 위아래에 넣은 것이 아래 그림이다.

$\sum$Ƶ up top $\sum^t$ do	$\sum$Be up top $\sum^t$ be
$\sum$Ƶ up bottom $\sum^b$ do	$\sum$Be up bottom $\sum^b$ be
$\sum$Ƶ down top $\sum^t$ have done	$\sum$Be down top $\sum^t$ have been
$\sum$Ƶ down bottom $\sum^b$ have done	$\sum$Be down bottom $\sum^b$ have been

위 그림을 확장동사표라고 한다. 위 그림에서 $\sum^t$는 $\sum^{top}$(시그마 탑)이라 읽고, $\sum^b$는 $\sum^{bottom}$(시그마 바텀)이라 읽는다.

여기서의 시그마($\sum$)는 will, shall, can, may, must, would, should, could, might 를 한꺼번에 나타내는 기호이다. $\sum$ 가 있으면 바로 그 시그마가 엡실론이 된다. 즉 시그마가 있으면 잠자는 엡실론은 계속 잠만 자면서 활성화 되지 않는다.

위 기본동사표를 제타를 기준으로 시그마제타1형, 시그마제타2형, 시그마제타3형, 시그마제타4형이라 하고 Be를 기준으로 시그마Be1형, 시그마Be2형, 시그마Be3형, 시그마Be4형이라고 하면 아래와 같은 확장동사 2표를 얻을 수 있다. 이렇게 하면 자연히 위에 있는 그림은 확장동사 1표가 된다.

$\sum\zeta^1$ $\sum^t$ do	$\sum Be^1$ $\sum^t$ be
$\sum\zeta^2$ $\sum^b$ do	$\sum Be^2$ $\sum^b$ be
$\sum\zeta^3$ $\sum^t$ have pp	$\sum Be^3$ $\sum^t$ have been
$\sum\zeta^4$ $\sum^b$ have pp	$\sum Be^4$ $\sum^b$ have been

위 확장동사에서의 엡실론은 $\sum^t$, $\sum^b$ 이다. 기본동사와 마찬가지로 위쪽의 것을 'Top 엡실론' 이라 하고, 아래의 것을 'Bottom 엡실론' 이라고 한다. Top 엡실론을 간단히 'Top 엡' 이라 하고, Bottom 엡실론을 줄여 'Bottom 엡' 이라고 하기로 한다.

I will meet him at three.
나는 만나겠다, 그를 3시에.

위 두 문장의 엡실론은, 'Top 엡' 이다.

Could I help you with your book?
제가, 당신 책을 받아 드릴까요?

위 문장의 엡실론은, 'Bottom 엡' 이다.

만일 확장동사 1표를 Top과 Bottom을 기준으로 정리하면 아래
와 같은 그림을 얻을 수 있다. 이를 확장동사 3표라고 한다.

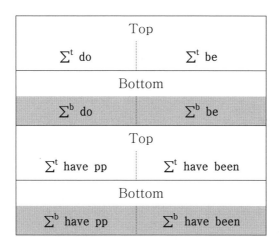

위 확장동사 3표를 위에서 아래로 '1층, 2층, 3층, 4층' 이라고
하면 다음 그림을 얻을 수 있다. 이를 확장동사 4표라고 한다.

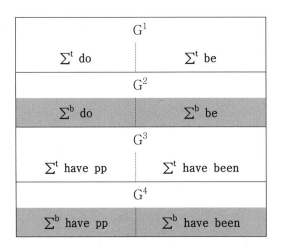

위 그림에서 G는 새로운 층을 의미하는 Gloor의 머리글자이다. 위 그림에서의 $\sum^b$ do는 G^2제타이고, $\sum^b$ have been은 G^4Be이다.

위 확장동사 4표를 아주 간단히 확장1형, 확장2형, 확장3형, 확장4형 이라고 하면 아래와 같은 그림을 얻을 수 있다. 이를 확장동사 5표라고 하고, 달리 G 스케어(G square)라고 한다.[14]

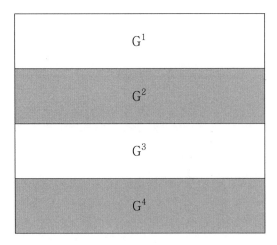

14) '이론편 부록' 의 내용은 『큐브 영문법은 다르다 1』 민서희 지음. 서울 2016. 도서출판 생소사. 40~44를 참조하여 수정하였다.

제 2 편

S1

$$S_1^{\ 0}$$

Water flows.
물이 흐른다.

위 문장의 민물식은 $^1S_1$ 이다. 이를 달리 $^1S_1^{\ 0}$ 이라고 할 수 있다. 0은 더 이상 없다는 의미이다.

Fishes swim.
물고기들이 헤엄친다.

위 문장 역시 $^1S_1$ 이다. 문장을 기호로 나타내기 위해 문장 (Sentence)의 머리글자인 S 를 가져와 문장을 의미하는 기호, 즉 문장기호로 사용하였다.

민 다이어그램

문장을 둘로 나누어 S의 왼쪽을 주어부(SL)라 하고 오른쪽을 술어부(SR)라고 한다.

주어부   S   술어부
(SL)   (SR)

위 그림에서, 왼쪽 SL을 위아래로 나누어 위를 EP라 하고 아래를 <ε> 이라 하고, SR을 위아래로 나누어 위를 EP EP 라 하고 아래를 V라고 하면 다음 그림을 얻을 수 있다.[15]

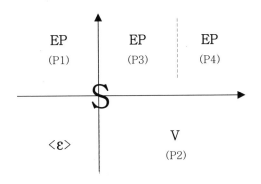

위와 같은 그림을 민다이어그램(민그림, Meen diagram)이라고 한다. 위 그림에서 왼쪽 아래를 P0 라 하고 왼쪽 위를 P1 이라 하고, 오른쪽 아래를 P2 라 하고, 오른쪽 위를 둘로 나눈 다음 왼쪽을 P3 오른쪽을 P4 라고 한다.

위 그림을, 문장이 이루어지는 순서에 들어맞도록 하기 위해, 약간 움직여 좌에서 우로, 말하는 순서대로 나타내면 아래 그림이 된다.

            EP   EP   EP

      <ε>   V

---

15) 필요하다면 P1의 왼쪽으로 O1, O2, O3 등의 EP를 둘 수 있고, P4의 오른쪽으로 Q1, Q2, Q3 등의 EP를 두어 확장할 수 있다.

위 그림에서,

< >는 올 수도 있고 안 올 수도 있다는 의미이다.

V 는 동사(動詞, 订詞)를 나타내는 기호이다. 동사의 정의에는 세 가지가 있다. 1) 동사란 과거형이 있는 말을 이르는 말이다. 2) 동사란 어떤 말을 풀이하는 말을 일컫는 말이다. 이를 달리 풀이 말이라고 한다. 3) 동사란 민다이어그램(민그림, Meen diagram)의 P2 에 오는 모든 말을 이르는 말이다. 하나의 낱말로 된 동사를 홀로 동사라 하고, 하나 이상의 낱말로 된 동사를 모듬동사라고 한다.

모듬동사 중 맨 앞에 있는 낱말을 엡실론(Ɛ)이라 하고 그 나머지 를 오메가(ω)라고 한다. 홀로동사는 그 자체가 엡실론이면서 오메 가인 특이한 동사이다.

EP 에는 범사(凡詞)와 궤사(几詞)가 있다.

범사(凡詞)에는 세 가지 정의가 있다. 1) 범사란 모든 말을 이르 는 말이다. 따라서 민물박스(모듈박스)에 있는 8가지가 모두 올 수 있다. 2) 범사란 동사에 의해 풀이되는 말이다. 이를 달리 풀되말 또는 주어라고 한다. 영어에서 풀되말은 동사 앞에 온다. 3) 범사 란 민다이어그램(민그림, Meen diagram)의 P1에 오는 모든 말을 일 컫는 말이다.

민다이어그램의 P1에 오는 말을 범사라고 하는데, P1에 오는 범 사임을 표시할 때는 [1]1 이라고 나타낸다.

모든 말은 범사가 될 수 있으나, 통상 아래 그림 중 1을 가장 많이 사용하고 그 다음 4, 5, 8을 많이 사용한다. 아래와 같은 그림을 민물박스라고 한다.

M1	M2	M3
1 2 3	4 5 6 7	8

궤사(几詞)에는 두 가지 정의가 있다. 1) 궤사(几詞)란 범사(凡詞)에서 주사(丶詞)를 뺀 나머지를 이르는 말이다. 주사란 P1에만 올 수 있는 말이다. 주사에는 I, he, she 등이 있다. 2) 궤사란 민다이어그램(민그림, Meen diagram)의 P3에 오는 모든 말을 일컫는 말이다.

Where do you live?
어디에서, 당신은 사세요?

위 문장의 단순식은 $^{w}\varepsilon^{1}S_{1}$ 이다.

I live in Kimpo city.
나는 삽니다, 김포시에.

위 문장의 단순식은 $^{1}S_{1}{}^{3}$ 이다.

Feeling satisfied, the Swallow flew down to the harbor the next day. 만족하게 느끼며, 그 제비는 날아 내려갔다 그 항구로, 그 다음날.[16]

---

16) 『행복한 왕자 외』 오스카 와일드 원작 경기 2006. 다락원, 38쪽.

1) 조동사가 있는 경우

You may go.
당신은 가도 됩니다.

위 문장을 민물식으로 나타내면 $^1S_{\Sigma 1}$ 이 된다. 조동사는 그리스 문자 시그마(Σ)로 나타낸다.

의문문

묻는 말인 의문문에는 직접 묻는 직접의문문과 간접적으로 묻는 간접의문문이 있다. 직접의문문은 다시 Yes나 No를 선택할 수 있는 선택의문문과 내용을 묻는 내용의문문으로 나누어진다.17)

선택의문문은 엡실론(ε)을 P0로 넘기면 된다. 엡실론이란 모듬동사 중 첫 낱말을 이르는 말이다. 모듬동사란 동사가 여러 낱말로 이루어진 것을 일컫는 말이다. 동사는 be동사와 be동사 아닌 것으로 나눌 수 있는데, be동사 아닌 다른 모든 동사를 '제타(ζ)동사'라고 한다. 제타(ζ)동사 앞에는 '잠자고 있는 엡실론(Sleeping ε)'인 do, did, does 가 있는데, 이를 달리 $S\varepsilon$(에스 엡)이라고 한다.

선택의문문을 만들 때는 '$S\varepsilon$(에스 엡)'을 주어 앞으로 넘겨 활성화 시켜 주기만 하면 선택의문문이 된다.

Fishes swim.
물고기들이 헤엄친다.

---

17) 『알기쉬운 에스페란토어 입문』 마영태 감수 서울 1995. 명지출판사, 24쪽.

위 문장에서, 보이지 않는 엡실론 do를 P0로 넘기면 선택의문문을 만들 수 있다.

Do Fishes swim?
물고기들이 헤엄치나요?

위 문장은, 제타(ʒ)동사 앞의 보이지 않는 엡실론(ε) do를 주어 앞으로 넘겨 선택의문문을 만든 것이다.

위 문장을 언어식으로 나타내면 $ε^1S_1{}^?$ 이 된다. 이때 굳이 Sε(에스 엡)이라고 하지 않아도, S 오른쪽 아래의 동사숫자를 보고 Sε(에스 엡)인지 아닌지 알 수 있기 때문에 그냥 ε(엡실론)이라고 하여도 괜찮다. 이와 같은 언어식을 **민물식**(LFM, the Language Formula of MeenMool) 이라고 한다. 반면 촘스키가 이야기한 언어식은 **촘스키식**(LFC, the Language Formula of Chomsky)이라고 한다.

$$S_1{}^3$$

He runs fast.
그는 달린다, 빨리.

위 문장의 단순식은 $^1S_1{}^3$ 이다. 다른 점이 있다면 동사(run)의 의미를 좁혀주는 부사(fast)가 그 뒤에 추가된 것이다.

3은 홀로부사가 하나 있다는 표시이다. 홀로부사는 하나의 낱말로 된 부사를 일컫는 말이다.

M1	M2	M3
1 2 3	4 5 6 7	8

민물식에서는, 괄호 안에서는 낱말 하나하나를 모두 표시하고, 괄호 밖에서는 위 그림에 있는 8개를 동등하게 표시한다. 위 그림을 달리 **민물박스**(MeenMool box) 또는 **모듈박스**(Module box) 라고 한다.

This book **reads** well.
이 책은 잘 읽힌다.

위 문장의 단순식은 $^1S_1^3$ 이다. read는 잘 읽힌다는 의미이다.

This pen **writes** smoothly.
이 책은 부드럽게 써진다.

위 문장의 단순식은 $^1S_1^3$ 이다. write는 **써진다**는 의미이다.

I **feel** like a toy.
나는 느껴진다, 하나의 인형인 것처럼.

위 문장의 단순 민물식은 $^1S_1^3$ 이다. 단순 민물식을 줄여 단순식이라고 한다.

I arrived **at the station**.
나는 도착했다, 그 역에.

위 문장의 민물식은 $^1S_1{}^3$ 이다. 3은 전치사구를 나타내는 기호이다. 3의 내용을 좀 더 구체적으로 표시할 때는 3()을 사용한다.

위 문장에서의 3()은 3($3\bar{2}1$) 이다. $\dot{3}$은 전치사를 나타내는 기호이고, $\bar{2}$는 the를 나타내는 기호이며, 1은 이름명사를 나타내는 기호이다. 이름명사는 이름을 통해 존재나 존재의 일부를 드러내는 말이다. 존재는 입자가 있고 생식으로 온 것을 생물, 그렇지 않은 것을 타물, 입자가 없으나 생물 같이 여겨지는 것을 속물, 그렇지 않은 것을 심물이라고 한다.[18]

c 심물	d 속물
b 타물	a 생물

$\dot{3}$처럼, 3위에 점이 있으면 홀로부사이고, 3위에 점이 없으면 전치사구이다. 전치사구는 문장 안에서의 쓰임에 따라 형용사도 될 수 있고 부사도 될 수 있다.

Lisa lived **there** for three years.
리사는 살았다, 거기서 3년 동안.

위 문장에서는 동사 뒤에 두 종류의 부사가 등장하였다. 앞쪽 부사는 낱말로 된 부사이고, 뒤쪽 부사는 전치사구로 된 부사이다. 이를 민물식으로 표시하면 $^1S_1{}^{33}$ 이 된다.

즉 3위에 점이 있고 없음으로 이 둘을 구별할 수 있다.

---

18) 『예수는 처녀생식으로 오지 않았다』 민서희 지음 서울 2011. 도서출판 생소사, 102~108쪽.

She went **to bed** at ten last night.

그녀는 잠잤다(잠자리에 들었다), 어제 밤 10시에.

위 문장의 동사 뒤에는 전치사구 세 개가 등장하였다. 위 문장을 단순식으로 나타내면 $^1S_1{}^3{}^3{}^3$ 이 된다. 위 문장에서, '잠잤다(went to bed)'라는 말을 표현할 때 slept 이라고 하지 않도록 조심하여야 한다.

The movie begins **on Monday**.

그 영화는 시작됩니다, 월요일부터.

위 문장을 민물식으로 쓰면 $^{1(\overline{2}\ 1^b)}\mathsf{S}_{1^1}{}^{3(\overset{\circ}{3}\ 1^c)}$ 이 된다. 이와 같은 식을 기본식 또는 민물2식이라고 한다. 위 문장에서는, from Monday 라고 하지 않았다는 것을 알아야 한다.

어떤 말의 의미를 좁히는 말을 수식어라고 한다. 수식어 중 명사의 의미를 좁히는 것을 형용사라 하고, 명사 아닌 다른 말들의 의미를 좁히는 것을 부사라고 한다. 위 문장에서, 그냥 **영화**라고 하면 온 세상의 영화가 다 포함되지만 '**그 영화**'라고 하면 말하는 사람이나 이를 듣는 사람이 아는 어떤 영화를 가리키게 되어 그 범위가 확 줄어든다.

M1	M2	M3
1	4	8
2	5	
3	6	
	7	

위 문장에서 S기호 왼쪽의 주어부분에 있는 $1(\overline{2}1^b)$의 의미는, '1

이 있는데, 그 1의 구체적인 내용은, 괄호 안의 $\overline{2}1^b$이다.' 라는 의미이다. $\overline{2}$는 the를 의미하고, 1^b는 입자가 있는 것 중 생물이 아닌 것을 의미한다. $\overline{2}1^b$이란, '형용사 the가 앞에서 그 뒤의 명사 1^b를 수식해 주고 있다.' 라는 의미이다. 수식하는 것을 다른 말로 **꾸며준다**고 한다. 꾸며주면 꾸밈을 받는 것은 의미가 좁아지게 된다.

She arrives **in Pusan** tonight.
그녀는 도착합니다, 부산에 오늘밤.

위 문장을 단순식으로 나타내면 $^1S_1{}^{33}$ 이 된다.

I used to get up early.
나는 일찍 일어나곤 했습니다.

1) 주어가 생략된 경우

$\underline{T}$ 나 $\underline{S}$ 는 주어가 생략되었음을 나타내는 기호이다.

Go **away** from me.
가세요 멀리, 나로부터.

위 문장을 민물식으로 나타내면 $\underline{S}_1{}^{3\ 3(\overset{\circ}{3}1)}$ 이 된다. 3은 부사 하나를 나타내는 기호이고, 3은 전치사구를 나타내는 기호이다. 전치사구 중 $\overset{\circ}{3}$은 전치사를 나타내는 전치사기호이다.

Look **at the crying baby**.
바라보세요, 그 우는 아이를.

위 기본식은 $\underline{S}_1{}^{1\ 3(\overset{\circ}{3}\ \overline{2}\ 5\ 1^a)}$ 이고, 변형식은 $\underline{S}_1{}^1\overset{\circ}{3}{}^{1(\overline{2}\ 5\ 1^a)}$ 이다.

이다. 3은 전치사구를 나타내는 기호이고, $\overset{\circ}{3}$은 전치사를 나타내는 기호이다. 2는 형용사 하나를 나타내는 기호이고, 5는 ing파사(v+ing)를 나타내는 기호이다.

2) 주어가 it 인 경우

It rains today.
비가 온다, 오늘.

위 문장의 단순식은 $^{1}S_1{}^{3}$ 이다. $\overset{\cdot}{1}$은 it을 나타내는 기호이다.

위 문장을 아래와 같이 바꾸어도 큰 차이는 없다. 위 문장에서는 자동사 '비가 온다(rain)'를 사용하였고, 아래 문장에서는 형용사 rainy를 이용한 것이 다를 뿐이다.

It is rainy today.
비가 온다, 오늘.

위 문장의 기본식은 $\overset{\overset{\cdot}{1}}{\underset{2^1}{S}}{}^{2\,\overset{\cdot}{3}}$ 이다.

3) 주어가 절인 경우

Whether <u>she will get here</u> depends on the weather.
그녀가 여기에 올 것인지는 날씨에 달려있다.

위 문장을 단순식으로 나타내면 $^{8}S_1{}^{3}$ 이고, 기본식으로 나타내면

$$^{8}\left({}^{\overset{\cdot}{8}_1{}^{42}}{}_2\overset{\cdot}{1}_3 \underset{\Sigma^1 1^1}{\mathbf{Y}}{}^{\overset{\circ}{3}} \right) \underset{1^1}{S}{}^{3(\overset{\cdot}{3}\,\overline{2}\,1^c)} \quad$$ 이 된다.

민물박스 중 주어로 많이 사용되는 것은 1, 4, 5, 8 이다.

M1	M2	M3
1	4	8
2	5	
3	6	
	7	

8은 파생절을 나타내는 숫자이고, ɣ(감마)는 파생절을 나타내는 '파생절기호' 이다. ∑(시그마)는 조동사를 나타내는 기호이다. 조동사가 모듬동사에 합류하면 그 조동사는 언제나 모듬동사의 맨 앞에 합류하기 때문에, 모든 조동사는 언제나 엡실론이 된다.

의문문

She arrives **in Pusan** tonight.
그녀는 도착합니다, 부산에 오늘밤.

위 문장을 단순식으로 나타내면 $^1S_1{}^{33}$ 이 된다. S_2 를 제외한 S_1, S_3, S_4 문장은, 모듬동사의 맨 앞에 엡실론 do, did, does 가 잠자고 있다. 그래서 의문문을 만들 때는 잠자고 있는 엡실론(do, does, did)을 주어 앞으로 넘겨 활성화 시켜 주기만 하면 된다.

Does she arrive **in Pusan** tonight?
그녀는 도착하나요, 부산에 오늘밤?

위 문장은 잠자고 있던 엡실론 does 가 주어 앞으로 이동하여 왔기 때문에 의문문이 되었다. 위의 문장을 민물식으로 나타내면 $\varepsilon^1S_1^{33?}$ 이 된다. 잠자는 엡실론을 기호로 Sε라고 하고, 간단히 S (에스) 또는 ε(엡실론)이라고 하기로 한다.

영어 문장은 대문자로 시작하여 소문자로 진행되다 끝날 때는 반드시 마침표(·) 의문표(?) 느낌표(!) 중에서 어느 하나로 끝나야 한다. 민물식의 뒤에 마침표 등을 찍을 때는 위쪽이든 아래쪽이든 편한 곳에 표시하면 된다.

Where do you come from?
어디에서, 당신은 오셨나요?

위 문장의 단순식은 $^w\varepsilon^1S_1^{3?}$ 이다. 위 문장은 Where are you from? 보다 약간 딱딱한 느낌의 문장이다.

1) 조동사가 있는 경우

I **will go** there tomorrow.
제가 가겠어요, 거기에 내일.

위 문장을 기본식으로 나타내면 $^1\overset{1}{1}_1{}^1 S_{\Sigma^11^1}{}^{\overset{\cdot}{3}3.}$ 이다. 위 문장의 밑줄은 모듬동사이다. 모듬동사의 맨 앞 낱말이 조동사이면, 바로 그 조동사가 엡실론(ε)이 된다. 조동사는 그리스문자 시그마(Σ)로 나타낸다.

<u>Will</u> you <u>go</u> there tomorrow?
당신은 가시겠어요, 거기에 내일?

위 문장의 기본식은 $\Sigma^1 \,^1_1\!i_2 \, S \,^{\dot3}3? \, 1^1$ 이다. 모듬동사의 맨 앞에 있는 낱말(엡실론)을 주어 앞으로 넘기면 의문문이 된다.

May I smoke?
제가 담배 피워도 될까요?

위 문장의 단순식은 $\Sigma^1 S_1{}^{0?}$ 이다. 0은 더 이상 글자가 없다는 표시이다.

May I sit here?
제가 앉아도 될까요, 여기에?

위 문장의 단순식은 $\Sigma^1 S_1{}^{3?}$ 이다.

Can I go now?
제가 가도 되나요, 지금?

위 문장의 단순식은 $\Sigma^1 S_1{}^{3?}$ 이다.

2) 의문사가 있는 경우

How do you do?
처음 뵙겠습니다?

위 문장은 처음 만났을 때 하는 인사이다. 위 문장을 단순식으로 나타내면 $^W\!e^1 S_1{}^{0?}$ 가 된다. W는 W₁과 W₂를 함께 이르는 말이다. 이에 대한 이야기는 209쪽에 있다. W 가운데, 구나 절의 맨 앞으로 이동하는 것들이 있는데, 이를 λ(람다)이동이라고 한다. λ이동에 대한 이야기는 233쪽에 있다.

Nice to meet you.
반갑습니다, 당신을 만나서.

Nice to meet you, too.
반갑습니다, 당신을 만나서 (저) 역시.

위 문장의 민물식은 $\underline{S_2}^{2\ 4\ 1,\ 2}$ 이다. 위 문장은 How do you do? 이후 흔히 이어지는 대화이다.

Can you come over?
당신 이쪽으로 올 수 있나요?

위 문장의 기본식은 $\Sigma^3\ \overset{\dot{i}_2}{S}_{1^1}\ ^{\dot{3}?}$ 이다.

감탄문

감탄문은 '감대표 + 감나머지'로 이루어져 있다. 감대표에는 'How, What'이 있으며, 감나머지에는 S_1이 온다. 감나머지인 S_1의 정보를 상대방이 알거나 안다고 생각되면 생략할 수 있다.

감탄문 = 감대표 + 감나머지

How는 그 뒤에 늘 형용사나 부사를 달고 다닌다.

How fast she runs!
참 빠르구나, 그녀가 달리는 것은!

위 문장의 단순식은 $^h\ ^3\ ^{1}S_1{}^0\ \cdot$ 이다. h는 W_1 중 how를 표시하는 기호이다.

How exciting!
참 신난다.

위 문장의 기본식은 $h \overset{.}{2} 1 \underset{\underline{1}}{S}$ $0.$ 이다.

기호 아래에 밑줄이 있으면 빈자리를 의미한다. 생략되었거나, 이동하였거나, 자리값을 나타내기 위해 빈자리를 표시한다.

What a happy **person** you are!
참 행복한 사람이네요, 당신은!

위 문장을 민물식으로 나타내면 $w_2{}^4 \overset{.}{2} 2\ 2\ 1^{1a}\ \overset{.}{1}_2 \underset{1^1}{S}$ $0.$ 이 된다.
What은 늘 그 뒤에 명사를 달고 다닌다. 그리고 명사는 그 앞쪽의 'a 또는 a + 형용사'로부터 꾸밈을 받을 수 있다.

주략문

주략문은 '**주어를 생략한 문장**'이다. 주어를 생략하고 말함으로써 평서문, 의문문, 감탄문으로 표현하지 못한 문장을 만들어 낼 수 있다.

주략문으로 만들 수 있는 문장에는 명령문, 권유문, 청유문 등이 있다.

Put **on** your shoes.
신으세요, 당신의 신발을.

위 문장을 기본식으로 나타내면 $\overset{\underline{1}}{\underset{1}{S}} 3(\overset{\circ}{3}_2\ 2_2\ 1^{2b})$ 이 되고, 단순시으로 나타내면 $\underline{S}_1{}^3 \cdot$ 이 된다. $\underline{S}$ 는 주어가 생략되었음을 나타내는 기호이다.

$$\mathsf{S}_1^{\,4}$$

Anna stoped **to think**.
아나는 멈췄다, 생각하기 위해.

위 문장을 기본식으로 나타내면 $_2 1_3\ \mathsf{S}_{1^2}^{\,4.}$ 가 된다.

$$1\mathsf{S}_1^{\,4\,2}$$

He seems **to be** honest.
그는 보인다, 정직하게.

위 문장을 기본식으로 나타내면 $_1 \overset{\circ}{1}_3\ \mathsf{S}_{1^1}^{\,4_2\,2.}$ 가 된다.

$$1\mathsf{S}_1^{\,4\,3}$$

Anna stoped **to think of** her own destiny.
아나는 멈췄다, 그녀 자신의 운명을 생각하기 위해.

위 문장의 기본식은 $_2 1_3\ \mathsf{S}_{1^2}^{\,4''_1\,3(\overset{\circ}{3}\ _2 2_3\ 2\ 1^\circ).}$ 이 된다. $_2 2_3$를 달리 $_2{}^2 1_3$ 라고 할 수도 있다.

$${}^1\mathsf{S}{}_1{}^{4\,8}$$

Anna stoped **to think** that she had to go.
아나는 멈췄다, 그녀가 가야만 하는지 생각하기 위해.

위 문장을 단순 민물식으로 나타내면 ${}^1\mathsf{S}{}_1{}^{4\,8\cdot}$ 이고, 계층 민물식으로 나타내면 다음과 같이 된다.

$${}^{\dot{8}_1{}^1}{}_{2}\dot{1}_3 \quad \mathbf{Y} \quad {}_\sigma 1^2.$$

$${}_2 1_3 \; \mathsf{S}{}_{1^2}{}^{4\,8.}$$

위 민물식에서는 8의 내용을 보다 자세히 나타내기 위해, 8 위에 층을 달리하여 파생절을 표시하였다. σ (스몰 시그마)는 2차조동사를 나타내는 기호이다. 2차조동사는 1차조동사를 제외한 나머지 조동사를 일컫는 말이다. 1차조동사는 아래와 같다.

Σ^1 will would	Σ^2 shall should	Σ^3 can could
Σ^4 may might	Σ^5 must must	

1) 결과로 쓰일 때

She did not live **to see** the work finished.
그녀는 살지 못했다, 그래서 보지 못했다, 일이 끝마쳐졌는지를.

위 문장의 단순식은 ${}^1\mathsf{S}_{\tilde{\varepsilon}1}{}^{4\,1\,6.}$ 이다.

$$S_1^{\ 5}$$

We go **shopping**.

우리는 간다, 쇼핑하러.

위 문장의 단순 민물식은 $\overset{\cdot}{1}_1^{\ 2}\ S_{1^1}\ ^{5.}$ 이다. 단순 민물식을 줄여 단순식이라고 한다.

$$1S_1^{\ 5}\,1$$

She **sat** reading a book.

그녀는 앉아 있었다, 책을 읽으며.

위 문장의 기본식은 $\ _2\overset{\cdot}{1}_3\ S_{1^2}\ ^{5_3}\,1(\overset{\cdot}{2}\ 1^{b}).$ 이다.

$$1S_1^{\ 5}\,3$$

We go **skiing** the day after tomorrow.

우리는 간다, 스키 타러, 모레.

위 문장의 단순식은 $\overset{\cdot}{1}_1^{\ 2}\ S_{1^1}\ ^{5}\ 3(\overline{2}\ 1^{c}\ \overset{\circ}{3}\ 1^{c}).$ 이다.

$S_1{}^8$

Watson talks **as if he were Holmes**.
왓슨은 말했다, 마치 자기가 홈즈인 것처럼.

위 문장의 단순식은 $^1S_1{}^8$ 이고, 기본식은 $\overset{\,^1 1_3{}^1}{S}{}_1{}^1$

$\overset{\circ}{8}_1$ $_1\overset{\circ}{1}_3$ $\underset{2^2}{\gamma}$ $_1 1_3$. 이다.

You may buy **wherever you go**.
당신은 사도됩니다, 어디든 당신이 가는 곳에서.

위 문장의 기본식은 $\overset{\overset{\circ}{1}_2}{S}{}_{\Sigma^4 1^1}$ $\overset{\overset{\circ}{8}_1{}^{220}\,\overset{\circ}{1}_2}{\gamma}{}_1{}^1$. 이다. 이 기본
식에서, 22 다음의 0은 ever를 의미한다. λ_2 뒤에는 ever가 올
수 있는데 이를 λever(람다에버)라고 한다. λever에 대한 설명은
233쪽에 있다.

1) 주어를 넘긴 경우

It does not matter **whether** he start now or later.
그것은 문제 안 된다. 그가 출발하는 것은, 지금이든 나중이든.

위 문장의 단순식은 $^1S_{\varepsilon 1}$ $^{L\,8(8}$ $^1\gamma_1{}^{3\,\&\,3)}$ 이다.

위 문장의 It은 임시주어(가주어)이다. It의 내용은 뒤에 있는
whether절이다. whether절을 원래주어(진주어)라고 한다. L은 문
장기호 S의 왼쪽 SL에서 오른쪽 SR로 무언가가 넘어 왔음을 의
미하는 기호이다.

T_1

1. T_1 이 등장하는 이유

He runs **fast**.
그는 달린다, 빨리.

위 문장은 S_1^3 이다. 동사 뒤에 부사가 왔다. 하지만 제1동사 뒤에는 형용사가 올 수 없다. 즉 S_1^2 는 불가능하다.

S_1 과 T_1 이 나뉘는 이유는, 제1동사 뒤에 형용사를 쓸 수 있는 변외(예외)동사들이 있기 때문이다.

$\tilde{S}_1$을 달리 T_1이라고 나타낼 수 있다. 글자나 기호 위의 물결(˜)표시는, 두 가지 중 다른 한 가지를 나타낼 때 쓰는 기호이다.

She looks happy.
그녀는 보인다, 행복하게.

한국어 '그녀는 행복하게 보인다'는 문장에서 '행복하게(happily)'라는 말은 부사로 사용되었다. 하지만 영어 문장에서는 형용사 happy가 쓰였다. 이를 다음과 같이 설명하는 분들도 있다.

She is happy. + look = She looks happy.

저자는 이를 아래와 같이 좀 달리 생각해 보았다.

She looks **that she is happy**.

위 문장의 that절은 절로 된 부사인데, 엡실론 is가 탈락하면서 그 앞의 주어 she와 파대표 that을 데리고 문장에서 사라진 것으로 본 것이다.

She looks happy.

위 문장은 결과적으로, 복잡한 M3(3차부품)에서 간단한 M1(1차부품)으로 바뀐 것이다.

M1	M2	M3
1 2 3	4 5 6 7	8

아니면 아래와 같은 다른 해석도 가능하다.

She looks **that she is happy**.
그녀는 보인다, 그녀가 행복한 것으로.

위 문장의 M3(3차부품)을 M2(2차부품)로 바꾼다. 이는 마치 3차방정식을 2차방정식으로 변환하는 것과 비슷하다.

She looks **to be happy**.

그녀는 보인다, 행복한 것으로.

다시 위 문장의 M2(2차부품)를 M1(1차부품)으로 바꾼다. 이는 마치 2차방정식을 1차방정식으로 변환하는 것과 같다.

She looks happy.

그녀는 보인다, 행복하게.

위 세 문장에 있는, 세 개의 밑줄은 처음부터 끝까지 부사임을 알 수 있다. 그런데 결과에서는, 부사의 의미(에티, 기의성)를 가진 happy 가 생김새(앙티, 기표성)로는 형용사가 되었다.

She looks happy.

그녀는 보인다, 행복하게.

위 문장의 앙티식은 $_2\overset{1}{i}_3\ S\,a\ ^{2.}_{\ 2^1}$ 이다.

위 문장의 에티식은 $_2\overset{1}{i}_3\ S\,e\ ^{\dot{3}.}_{\ 2^1}$ 이다. 민물숫자 아래 물결은 '비교'를 의미한다.

아래에, 다른 예를 하나 더 들었다.

Tom died **as he lived a millionaire**.
탐은 죽었다, 백만장자로 살다가.

Tom died **as he was a millionaire**.
탐은 죽었다, 백만장자인 채로.

위 두 문장에서 엡실론을 생략하고 정리하면 다음 문장이 된다.

Tom died <u>millionaire</u>.

탐은 죽었다, 백만장자인 채로.

위 문장의 앙티식은 $^{1}_{3}\tilde{S}\,a\,^{1.}_{1^2}$ 이다.

위 문장의 에티식은 $^{1}_{3}\tilde{S}\,e\,^{3.}_{1^2}$ 이다.

위의 이야기들이 비록 맞더라도, 문제는 남는다. 왜 모든 $S_1{}^0$이 $S_1{}^2$가 되지 못하고, 일부만 가능한 지에 대한 의문이다. 그래서 제1동사 뒤에 명사나 형용사가 가능한 것들을 번외로 처리하여 T_1 이라 하였다.

2. 수식어의 종류와 기능

수식어의 종류에는 명수식어(洺修飾語)와 외수식어(外修飾語)가 있다. 명수식어는 명사의 범위를 좁혀 의미를 구체화하는 역할을 주로 하고, 외수식어는 동사·형용사·부사·문장전체의 범위를 좁혀 구체화하는 역할을 주로 한다.

가령 '파란 사과' 라는 말을 작은 문법으로 보면 앞의 <u>파란</u>(형용사)이 뒤의 <u>사과</u>(명사)를 꾸며주고 있음을 알 수 있다.

그런데 '돌다리' 라는 말은 위와 같지 않다. 즉 앞의 <u>돌</u>(명사)이라는 말이 뒤의 <u>다리</u>(명사)를 꾸며주고 있음을 알 수 있다. <u>돌다리</u>의 돌은 형태상(앙티)으로는 명사이지만, 의미상(에티)으로는 형용사로 쓰였음을 알 수 있다.

의미상으로는 명사도 명사를 꾸밀 수 있기 때문에 단정적으로 '명사를 꾸미는 것은 모두 형용사이다.' 라고 이야기하기 곤란한

측면이 있다.

'명사를 꾸미는 것은 모두 형용사이다.' 라고 말하려면 형태가 아닌 내용만 보겠다는 즉 에티(기의성)만 보겠다는 약속이 선행되어 있어야 한다. 그래서 처음에 '수식어에는 형용사와 부사가 있다.' 라고 말하지 않고, 수식어를 명수식어와 외수식어로 나눈 것이다.

수식어의 기능에는 1차기능과 2차기능이 있다. 의미를 좁히는 기능을 1차기능이라 하고 그 외 다른 기능을 2차기능이라고 한다. 1차기능을 달리 꾸밈이라 하고, 2차기능을 달리 뚜밈이라고 한다.

	1차기능	2차기능
명수식어 (형용사)	꾸밈	뚜밈
외수식어 (부사)	꾸밈	뚜밈

I got up early.
나는 일찍 일어났다.

위 문장에서는, 일찍(early)이 의미를 좁히는 1차기능(꾸밈)으로만 쓰였다.

He married young.
그는 결혼했다, 젊어서.

위 문장에서는, 젊어서(young)가 1차 기능으로는 결혼했다(married)를 꾸미며 '젊어서 결혼했다' 는 의미를 만들고 있지만, 2차 기능으로는 '그는 젊었다(He was young.)' 는 의미도 동시에 내포하고 있다.

위 문장에서와 같이, 1차 기능과 2차 기능을 동시에 표현할 때, 한국어에서는 부사로 2가지 기능을 동시에 처리하고, 영어에서는 형용사로 2가지 기능을 모두 표현한다.

좀 더 살펴보면, 한국어에서는 1차기능과 2차기능을 모두 부사가 수행하여, 두 가지 측면을 드러낸다.

첫째, 그는 젊어서 결혼했다 중, '그는 젊어서' 라는 부분은 2차 기능과 관련이 있는데, '그는 젊다.' 라는 바른 문장이 되지 못하였다. 즉 기표성(앙티)을 만족시키지 못하고 기의성(에티)을 통해서 간접적으로 의미를 전달하고 있다. 둘째, '젊어서 결혼했다' 부분은 1차기능을 훌륭히 수행하여 기표성(앙티)과 기의성(에티) 모두를 만족시키고 있다.

반면 영어에서는 1차기능과 2차기능을 모두 형용사가 수행하고 있다. 첫째, 'He (was) young.' 이라는 부분은 2차기능과 관련이 있는데, 형용사를 사용함으로써 2차기능을 훌륭히 수행하고 있어서 바른 문장이 되었다. 둘째, 하지만 'married young(젊은 죽었다)' 부분은, 부사가 있어야 할 곳에 형용사가 있어서 기표성(앙티)을 만족시키지 못하고 기의성(에티)을 통해서 간접적으로 의미를 전달하고 있다.

결론적으로 보면, 형용사나 부사 어느 하나를 가지고는 1차기능과 2차기능 모두를 만족시킬 수 없다. 이 부분은 영어를 배우는 한국인에게도 어렵겠지만 상대적으로 영어 사용자들이 한국어를 배울 때도 논리적인 저항이 있을 것이라 생각된다. 이 차이를 미리 알고 있으면 영어나 한국어를 공부하는데 큰 도움이 될 것이다.

T_1^1

Tom died **a millionaire**.

탐은 죽었다, 백만장자로.

위 문장의 기본식은 $^{1}1_3 \; T^a_{1^2} \quad 1(\dot{2}\ 1^a)$. 이다.

A good daughter **makes** a good wife.

착한 딸이 착한 아내가 된다.

위 문장의 기본식은 $1(\dot{2}\ 2\ _2 1_3) \; T_{1^1} \quad 1(\dot{2}\ 2\ _2 1_3)$. 이다.

Little drops make a mighty ocean.

작은 물방울들이 된다, 하나의 거대한 대양이.

(티끌 모아 태산이다.)

위 문장의 단순식은 $^{1}T_1^{1\cdot}$ 이다. S̃와 T는 같은 기호이다.

1) there

At two o'clock there came a cry, "Land! Land!"

2시에, 외치는 소리가 있었다, "육지다! 육지다!"[19]

위 문장을 단순식으로 나타내면 $^{3\,\bar{1}}T_1^{1\cdot}$ "1! 1!" 이 된다.

---

19) 『영어의 대륙에 깃발을 꽂아라』 하광호 지음 서울 2000. 디자인하우스,
　　73~74쪽.

위 문장은 A cry, "Land! Land!" came. 이라는 문장에 '~이 있다' 는 뜻의 'there (be)' 가 어우러져 '외치는 소리가 있었다' 라는 의미가 되었다. there는 $\overline{1}$ 로 나타낸다.

2) It

It seems **a lot of work** to do tomorrow.
많은 일로 보인다. 내일 해야 할 일이.

위 문장을 단순식으로 나타내면 $^{i}T_{1}{}^{1\,L\,4\,\dot{3}}$ 이 된다. it은 $\dot{1}$ 로 나타내고, L은 주어(SL의 EP)에서 넘어 왔음을 의미하는 기호이다.

$T_1^{\,2}$

1. go 무리

become
come
grow
turn
get
make
go
fall
run

He got **angry**.

그는 화났다.

위 문장의 기본식은 $_1\overset{\circ}{1}{}_3^1\mathrm{T}_{1^2}$ 2. 이다.

Jane became **famous**.

제인은 유명해졌다.

위 문장의 기본식은 $_21_3^1\mathrm{T}_{1^2}$ 2. 이다.

자동사 중, be 아닌 것들을 a동사(제1동사)라고 한다. a동사(제1동사) 뒤에는 형용사가 올 수 없다. 하지만 a동사 뒤에 형용사를 허용하는 것들이 일부 있다. 이를 'S$_1$의 예외' 라고 한다. S$_1$의 예외는 $\tilde{\mathrm{S}}_1$ 또는 T$_1$로 나타낸다.

He **turned** pale.

그는 (얼굴이) 창백해졌다.

위 문장의 기본식은 $_1\overset{\circ}{1}{}_3^1\mathrm{T}_{1^2}$ 2. 이다.

2. continue 무리

$$\begin{array}{c}
\text{continue} \\
\text{remain} \\
\hline
\longrightarrow \\
\text{keep} \qquad \text{hold} \\
\text{lie}
\end{array}$$

She **remains** single.
그녀는 계속 독신이다.

위 문장의 기본식은 $_2\overset{\circ}{1}_3 \mathbf{T} \, _{1^1} \, ^{2.}$ 이다.

She **kept** silent.
그녀는 조용했다.

위 문장의 기본식은 $_2\overset{\circ}{1}_3 \mathbf{T} \, _{1^2} \, ^{2.}$ 이다.

The beggar **lay** dead on the road.
거지는 죽은 상태로 길 위에 있었다.

위 문장의 기본식은 $1(\overline{2} \, 1^{1a}) \mathbf{T} \, _{1^2} \, ^{2 \, 1(\overset{\circ}{3} \, \overline{2} \, 1^b).}$ 이다.

Please keep **quiet**.
유지해주세요, 조용하게.

위 문장의 기본식은 $\underline{\mathbf{I}} \, _{1^1} \, ^{\overset{\cdot}{3} \, 2.}$ 이다.

3. prove 무리

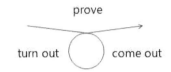

The story **came out** true next morning.
그 이야기는 판명되었다, 사실로, 다음날 아침에.

$$\text{위 문장의 기본식은} \quad \overset{1(\overline{2}\ 1^{1c})}{\underset{1^2\ \dot{3}}{T}} \overset{2\ 1(\dot{3}\ 1^c).}{} \quad \text{이다.}$$

4. look 무리

Silk feels **soft**.
비단은 느껴진다, 부드럽게.

$$\text{위 문장의 기본식은} \quad \overset{1^{1b}}{\underset{1^1}{T}} \overset{2.}{} \quad \text{이다.}$$

Anna looks **great** in this dress.
아나는 멋져 보인다, 이 원피스를 입고 있으니.

$$\text{위 문장의 기본식은} \quad \overset{{}_2 1 3^{1a}}{\underset{1^1}{T}} \overset{2\ 3(\dot{3}\ {}_1\tilde{2}\ 1^{1b}).}{} \quad \text{이다. 위 문장에}$$

서 굵은 글씨의 형용사를 구(句, phrase)로 바꾸면 $T_1{}^2$ 에서 $T_1{}^4$ 가
되고, 절(節, clause)로 바꾸면 $T_1{}^8$ 이 된다.

It seems **easy** to do the work.
쉬워 보인다, 그 일을 하는 것은.

위 문장의 단순식은 $\overset{\cdot}{1}\ \mathsf{T}_{1^1}\ 2\ L\ 4_3\ 1(\overline{21}^{1c})$. 이다.

You **look** happy today.
당신은 행복해 보여요, 오늘.

위 문장의 단순식은 $\overset{\circ}{1}_2\ \mathsf{T}_{1^1}\ 2\ \overset{\cdot}{3}.$ 이다.

It **seems** (to be) that he is wrong.
보인다, 그가 틀린 것으로.

위 문장의 기본식은 $\overset{\cdot}{1}\ \mathsf{T}_{1^1}\ (4_2)\ \overset{\cdot}{8}_1{}^1\ {}_1\overset{\circ}{1}_3\ \mathsf{Y}_{2^1}\ 2.$ 이다. 위 문장을 단순하게 만들면 아래와 같이 된다.

He **seems** (to be) wrong.
그는 보인다, 틀린 것으로.

위 문장의 기본식은 ${}_1\overset{\circ}{1}_3\ \mathsf{T}_{1^1}\ (4_2)\ 2.$ 이다.

That **sounds** (to be) good.
그것은 들린다, 좋게.

위 문장의 기본식은 ${}_2\overset{\sim}{1}\ \mathsf{T}_{1^1}\ (4_2)\ 2.$ 이다. ${}_1\overset{\sim}{1}$은 this를 의미하고, ${}_2\overset{\sim}{1}$는 that을 의미한다.

Sugar **tastes** sweet.
설탕은 단맛난다.

위 문장의 기본식은 $\mathsf{T}\,{}_{1^1}^{1^{1b}\quad 2.}$ 이다.

5. 삶죽 무리(삶과 죽음 무리)

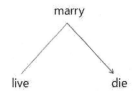

She **married** young and died a beggar.
그녀는 젊어서 결혼했고 죽을 때는 거지였다.

위 문장의 기본식은 $\overset{2\dot{1}_3}{\mathsf{T}}\,{}_{1^2}^{2}\ \&\ \underline{\mathsf{T}}\,{}_{1^2}^{1(\dot{2}\ 1^a).}$ 이다.

6. 앉서 무리(앉고 서고 무리)

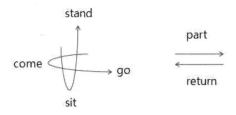

주의사항

아래와 같은 동사들은 $S_2{}^5$ 로는 쓸 수 없다. 즉 be ~ing로는 쓸 수 없다.

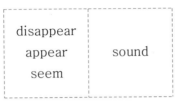

$T_1{}^4$

He seems **to be** honest.
그는 보인다, 정직한 것으로.

위 문장의 기본식은 $_1\overset{\bullet}{1}_3 \mathsf{S}_{1^1}{}^{4_2\,2}$ 이다.

Tom appears **to be** angry.
그는 나타나 보인다, 화난 것으로.

위 문장의 단순식은 $^1\tilde{\mathsf{S}}_1{}^{4\,2\cdot}$ 이다. to be를 생략하면 아래와 같이 된다.

Tom appears angry.
그는 나타나 보인다, 화난 것으로.

위 문장의 단순식은 $^1\tilde{S}_1^{2\cdot}$ 이다.

Tom appears **that** he is angry.
그는 나타나 보인다, 화난 것으로.

위 문장의 단순식은 $^1S_1^{8\cdot}$ 이다.

Jane seems **to be** fast asleep.
제인은 보인다, 빨리 잠드는 것으로.

위 문장의 단순식은 $^1S_1^{4\ 3\ 2\cdot}$ 이다. 위 문장에서, <u>to be</u>는 생략할 <u>수 없다</u>. 그 이유는 asleep은 명사를 꾸미지 않고, 오직 be동사 뒤에만 쓰이는 **별난 형용사**이기 때문이다.

아래 그림에 있는 것들이 대표적인 별난 형용사이다.

afraid asleep awake	alike alive	alone ashamed
content	unable	worth

T_1^5

Lisa kept **crying** without a word.
리사는 계속 울었다, 아무 말 없이.

위 문장의 기본식은 $_2 1_3{}^1 \ T_1{}^2 \quad 5\ 3(\overset{\circ}{3}\ \overset{\cdot}{2}\ 1^c).$ 이다.

$$T_1{}^6$$

Lisa remains **unmarried**.
리사는 남아 있다, 결혼 안한 채로.

위 문장의 민물식은 $_2 1_3 \ T_1{}^1 \ 6.$ 이다.

Anna got worried because her son was three hours late.
아나는 걱정했다, 그녀의 아들이 3시간 늦었기 때문에.

위 문장의 압축식은 $_2\overset{\circ}{1}_3{}^1 \ T_1{}^2 \ 6\ \overset{\cdot}{8}\ 1_{.2} \ Y_2{}^2 \ 2_{.3.}$ 이다.

$$T_1{}^8$$

It seems <u>that he is honest</u>.
보인다, 그가 정직한 것으로.

위 문장의 단순식은 $^i s_1{}^{8i} Y_2{}^2$ 이다. 위 문장은 아래 민물박스(모듈박스)의 M3을 사용한 문장이다.

M1	M2	M3
1 2 3	4 5 6 7	8

He seems **to be** honest.
그는 보인다, 정직한 것으로.

위 문장의 단순식은 $^is_1{}^4{}^2$ 이다. 위 문장은 민물박스의 M3을
M2로 고친 문장이다. 이는 마치 3차부품을 2차부품으로 줄인 것
과 비슷하다.

He seems **honest**.
그는 보인다, 정직하게.

위 문장의 민물식은 $^is_1{}^2$ 이다. 위 문장은 2차 부품을 다시 1차
부품으로 고친 것과 같다.

제 3 편

S₂

$S_2{}^1$

I am Korean.
저는 한국인입니다.

위 문장의 민물식은 ${}^1S_2{}^{1\cdot}$ 이다. I am 을 줄이면 I'm 이 된다. 국가이름은 대문자로 시작하고 a를 붙이지 않는다.

문장의 구분은 동사를 기준으로 한다. be동사가 제2동사이고 제2동사가 있는 문장만이 제2문장이 된다.

be동사 뒤에는, 민물박스(모듈박스)에 있는 8개의 모듈이 모두 올 수 있다.

M1	M2	M3
1	4	8
2	5	
3	6	
	7	

That is a book.
저것은 한 권의 책입니다.

위 문장의 단순식은 ${}^1S_2{}^{1\cdot}$ 이고, 기본식은 ${}_2\tilde{1}\,S_{2_3}{}^{1}\,{}^{1(\dot{2}\,1^b)}$ 이다. $\tilde{1}$은 this와 that을 나타내는 기호이다. $_\star\tilde{1}$ 의 $\star$에 1이 오면 this

이고, 2가 오면 that이다.

We are **friends**.
그와 나는 친구이다.

위 문장의 단순식은 $^i S_2{}^1$ 이다. $\overset{.}{1}$은 인칭명사를 나타내는 기호이다.

인칭명사(人稱名詞)란 사람을 나(1인칭), 너(2인칭), 나머지(3인칭)로 구분하여 칭하는 말이다. $\overset{.}{1}{}_\square$의 □에 1이 오면 1인칭, 2가 오면 2인칭, 3이 오면 3인칭을 의미한다. $\overset{.}{1}{}^\triangle$의 △에 1(생략 가능)이 오면 단수, 2가 오면 복수를 의미한다.

He is **a teacher**.
그녀는 선생이다.

I'm **a student**.
나는 한 명의 학생이다.

위 두 문장의 단순식은 $^i S_2{}^{1(2\ 1)}$ 이다. I'm 은 I am 을 줄인 것이다. 1(21)의 의미는 '1이 있는데, 그 1의 내용을 구체적으로 들여다보면 $\overset{.}{2}1$이다.' 라는 의미이다. 21이란 '앞의 형용사(명수식어)가 뒤의 명사를 수식해 주고 있다.' 라는 의미이다. 수식하는 것을 달리 **꾸며준다**고 한다.

즉 $1^{(21)}$의 의미는, 크게 보면 ^{1} 이고, 구체적으로 보면 $^{(21)}$ 이라는 의미이다. 따라서 필요에 따라 간단히 $^i S_2{}^1$ 라고 써도 되고, 구체적으로 $\overset{.}{1}{}_1{}^1 \underset{2}{\overset{}{S}}{}^1\ 1(\overset{.}{2}\ 1^a).$ 라고 써도 된다.

I'm **a student** at Harvard.
나는 한 명의 학생이다, 하버드에 (다니는).

위 문장의 기본식은 $\overset{\bullet}{1}{}_1{}^1 S_2{}_1{}^1\ 1(\overset{\bullet}{2}\ 1^a)\ 3'(\overset{\circ}{3}\ 1^b).$ 이다. 즉 '하버드에 다니는' 이 그 앞의 '한 학생' 을 꾸며주는 것을 알 수 있다. 3'은 명사를 꾸며주는 형용사라는 표시이다.

She is **a woman** of ability.
그녀는 여자이다, 능력 있는.

위 문장의 기본식은 $_2\overset{\bullet}{1}{}_3{}^1 S_2{}_3{}^1\ 1(\overset{\bullet}{2}\ 1^a)\ 3(\overset{\circ}{3}\ 1^c).$ 이다.

I'm a **member** of the club.
나는 회원이다, 그 동아리의.

위 문장의 단순식은 $^1S_2{}^1\ 3'$ 이다.

Sunny is **the happiest woman** in the world.
써니는 가장 행복한 여자이다, 이 세상에서.

위 문장의 기본식은 $_2\overset{\bullet}{1}{}_3{}^1 S_2{}_3{}^1\ 1(\overline{2}\ 2\ 1^a)\ 3''(\overset{\circ}{3}\ \overline{2}\ 1^c).$ 이다. 13에서 3이 앞의 명사를 꾸며주는 것이면 13' 이라 표시하고, 그렇지 않은 것이면 13 또는 13" 이라고 표시한다. the는 $\overline{2}$라고 표시한다.

Anna is **the most beautiful lady** in Kimpo.

아나는 가장 예쁜 여인이다, 김포에서.

위 문장의 기본식은 $_2\dot{1}_3{}^1 \subset {}_{2_3{}^1} 1(\overline{2}\ 2\ 2\ 1^a)\ 3''(\mathring{3}\ 1^c).$ 이다.

If you had studied hard, You would have been a CEO.

당신이 열심히 공부했다면, 사장이 되었을 겁니다.

위 문장의 기본식은 $f\ \dot{1}_2{}^1\ Y_{1^4}\ 3,\ \dot{1}_2{}^1 \subset {}_{\Sigma^1 2_3{}^4} 1(\dot{2}\ 1^a).$ 이다.

1) and, but 등이 있을 때

He and I are **friends**.

그와 나는 친구이다.

위 문장의 기본식은 $_1\dot{1}_3{}^1\ \&\ \dot{1}_1{}^1 \subset {}_{2_3{}^1} 1^{2a}.$ 이다. and는 &로 나타낸다.

She's not **a doctor**, but **a teacher**.

그녀는 의사가 아니라 선생이다.

위 문장의 기본식은 $_2\dot{1}_3 \subset {}_{\tilde{2}_3{}^1} 1(\dot{2}\ 1^a),\ \tilde{\&} \subseteq {}_{\tilde{2}_3{}^1} 1(\dot{2}\ 1^a).$ 이다. but은 $\tilde{\&}$로 나타낸다.

Dogs are **animal** <u>which takes to humans</u>.
개는 동물입니다, 사람을 따르는.

위 문장의 기본식은 $1_3{}^{2a}\ \mathsf{S}_{2_3{}^1}\ 1\ \dot{8}_2{}^3\ \mathbf{Y}_{1^1}\ 3(\overset{\circ}{3}\ 1^{2a})$. 이다.

Tom is **the only one** <u>that I can trust</u>.
탐은 유일한 사람입니다, 내가 믿을 수 있는.

위 문장의 기본식은 $_1 1_3{}^1\ \mathsf{S}_{2_3{}^1}\ 1(\overline{2}21^a)\ \dot{8}_2{}^1\ \mathring{1}_1{}^1\ \mathbf{Y}_{\Sigma^3 3^1}\ \underline{1}.$ 이다.

This is **the place** <u>where I live in</u>.
여기가 장소입니다, 내가 사는.

위 문장의 기본식은 $_2\tilde{1}\ \mathsf{S}_{2_3{}^1}\ 1(\overline{2}\ 1^b)\ \dot{8}_1{}^{21}\ \mathring{1}_1{}^1\ \mathbf{Y}_{1^1}\ \overset{\circ}{3}\ \underline{1}.$ 이다.

That's **the reason** <u>why I went to there</u>.
그것이 이유입니다, 왜 내가 거기에 갔는가 하는.

위 문장의 기본식은 $_2\tilde{1}\ \mathsf{S}_{2_3{}^1}\ 1(\overline{2}\ 1^c)\ \dot{8}_1{}^{31}\ \mathring{1}_1{}^1\ \mathbf{Y}_{1^2}\ 1(\overset{\circ}{3}\ 1^b).$ 이다.

알고 가기

1) 명사의 종류

명사란 존재나 존재의 일부를 드러내는 말이다. 이러한 명사는 사람의 감각을 바탕으로 한, 구별 가능성을 기준으로 셀 수 있는 셈명사(셀있명사)와 셀 수 없는 외명사(셀없명사)로 나눌 수 있다.

셀 수 있는 셈명사는 다시 하나인 단수명사와 하나 이상인 복수명사로 나누어 지는데, 단수명사 앞에는 a 또는 an을 놓아야 한다.

2) 명사의 복수형 만들기

단수명사를 복수명사로 바꿀 때, 두 가지 원칙이 적용된다. 하나는 발음원칙이고 다른 하나는 형태원칙이다.

① 발음원칙

발음원칙은, p·t·k·f 뒤의 s는 s로 발음하고, 그 나머지 뒤의 s는 z로 발음한다. 이와 같은 발음 원칙은 대부분 적용된다. 이렇게 발음을 하는 이유는 좀 더 쉽고 자연스런 발음을 내기 위해서이다.

② 형태원칙

대부분의 단수명사와 모y(모음+y)는 그 끝에 s를 붙이면 바로 복수명사가 된다.

    book   →   book<u>s</u> (s로 발음)
    b<u>oy</u>   →   b<u>oy</u>s (z로 발음)

pe<u>n</u> → pe<u>ns</u> (z로 발음)

위와 같은 기본 원칙에서 벗어나는 경우가 두 가지 있다. 그 두 가지는 '더하기, 바꾸기' 이다.

첫째, **더하기**이다. 단수명사의 끝이 │s │sh│o │ 로 끝나면 e를 더하고 s를 붙인다. 이때 es는 발음원칙에 따라, o 뒤의 es는 z 로 발음하고, 나머지는 좀 더 부드러운 발음을 위해 iz로 발음한다.[20]

（표: s, sh, o / ss, ch, x）

> potato →   potatoes (z로 발음)
> hero   →   heroes (z로 발음)
>
> bu<u>s</u>   →   bu<u>s</u>es (iz로 발음)
> gla<u>ss</u> →   gla<u>ss</u>es (iz로 발음)
> di<u>sh</u>   →   di<u>sh</u>es (iz로 발음)
> in<u>ch</u>   →   in<u>ch</u>es (iz로 발음)
> bo<u>x</u>   →   bo<u>x</u>es (iz로 발음)

단, ch가 k로 발음이 되는 경우에는, 발음원칙에 따라 s로 발음한다.

> stomach →   stomachs (s로 발음)

둘째, **바꾸기**이다. 단수명사가 자y(자음+y)로 끝나면 y를 ie로 바꾸고, f·fe는 ve로 바꾼 후 s를 붙인다. 이때, s는 발음원칙에 따라 p·t·k·f 뒤에서는 s로 발음하고 그 외에서는 z로 발음한다.

> la<u>dy</u>   →   la<u>die</u>s   (z로 발음)

---

20) bamboo(대나무), cuckoo(뻐꾸기), radio(라디오), piano(피아노) 는 그냥 s를 붙이고, mosquito(모기), tabacco(담배), cargo(화물), motto(좌우명) 뒤에서는 s, es 모두 가능하다. 이때도 발음원칙에 따라 z로 발음한다.

baby → babi**es** (z로 발음)

dragonfly → dragonfli**es** (z로 발음)

calf → cal**ves** (s로 발음)

knife → kni**ves** (z로 발음)

wolf → wol**ves** (z로 발음)

3) 명사의 대표성

A dog is faithful.

모든 개는 충직하다.

위 문장의 단순식은 $^1S_2^1$ 이다. 위 예문의 A는 하나라는 의미가 아니라 정해지지 않은 어떤 개를 의미하기 때문에, 그 결과 모든 개를 대표하는 의미로 사용된다. 마치 수학에서의 n, x 등의 기호와 같다.

하지만 아래와 같은 S_3 문장에 쓰이면, 대표성이 사라지고 하나를 의미하게 된다.

A week has seven days.

한 주는 일곱 날이 있다.

위 문장의 단순식은 $^1S_3^1$ 이다.

4) a와 an

단수명사의 발음이 자음으로 시작되면 그 앞에 a를 붙이고, 모음으로 시작되면 그 앞에 an을 붙인다. a를 an으로 변형하여 사용하는 이유는, 모음이 중복되는 것을 피하여, 발음을 보다 쉽고 부드럽게 내기 위함이다.

a pencil	an egg
a girl	an apple

의문문

S₂ 로 긍정의문문을 만들 때는 be동사를 주어 앞으로 넘기면 된다. 만일 Yes라고 긍정으로 대답했으면 문장 끝까지 긍정으로 간다.

S₂ 로 부정의문문을 만들 때는 be동사 뒤에 not을 붙인 후 주어 앞으로 넘기면 된다. 만일 No라고 부정으로 대답했으면 문장 끝까지 부정으로 진행하는데, 부정임을 나타내기 위해 be동사 뒤에 not을 붙인다.

This is **a pen**.

위 문장의 단순식은 $^1S_2{}^2{}^1$. 이다. 동사 자리에 be동사가 있으면 바로 그 be동사가 엡실론이다. 엡실론으로서의 be를 Bε(비엡)이라고 한다. Bε을 주어 앞으로 넘기면 의문문이 된다. 2는 a를 의미하는 기호이다.

Is this **a pen**.
이것은 하나의 펜인가요?

위 문장의 기본식은 $ε\ {}_1\tilde{1}^1\ S_{2^1}\ {}^{1(\dot{2}\ 1^b)}.$ 이다.

Yes, this is **a pen**.

예, 이것은 하나의 펜입니다.

위 대답을, 아래와 같이 짧게 줄일 수 있다.

Yes, it is.

예, 그렇습니다.

Yes 또는 No를 선택하여 대답할 수 있는 의문문을 선택의문문이라고 한다.

Is not that **a fan?**

저것은 한 개의 선풍기가 아닌가요?

Yes, that is **a pen**.

예, 저것은 하나의 펜입니다.

No, that is not **a fan**.

아니오, 저것은 한 개의 선풍기가 아닙니다.

위 부정문장은 아래와 같이 줄여 간단히 할 수 있다.

No, it is not.

아니오, 그렇지 않습니다.

위 문장에서 That is not **a fan**. 처럼 부정으로 말할 때는 엡실론 뒤, 여기에서는 be 뒤에, not을 붙인다.

That is not **a fan**.

저것은 선풍기가 아닙니다.

위 문장의 기본식은 $_2\tilde{1} \subset 1(2\ 1^b)._{2^1}$ 이다. be동사의 부정은 be를 나타내는 숫자 위에 물결 표시를 하여 나타낸다.

What's your name?
당신의 이름은 무엇인가요?

위 문장의 단순식은 $^w_\varepsilon 1 S_2{}^{0?}$ 이다.

My name is Peter.
제 이름은 피터입니다.

위 문장을, I am ~ 으로 답하는 것은 일반적이지 않다.

Are these your shoes?
이것들이 당신 신발인가요?

위 문장의 기본식은 $\varepsilon \quad {}_1\tilde{1}^2 \; S_{\underline{2}^1} \; {}_{2_2} 1^{2b} ?$ 이다.

좀 더 알아보기

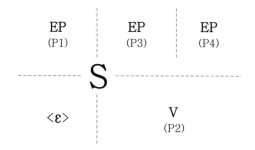

어떤 문장을 평면에 표시하기 위해, 상하좌우로 나눈 위와 같은
그림을 민다이어그램(민그림, Meen diagram)이라고 한다.

He am a boy.

위 문장의 단순식은 $^1S_2{}^{1\cdot}$ 이다. 단순식으로는 위 문장이 틀렸는지 알 수 없다.

$$_1\overset{\bullet}{1}_3{}^1 \; \overset{\smile}{S}{}_{2_1}{}^1 \; 1(\overset{\bullet}{2} \; 1^a).$$

위 문장의 기본식은 이다. 문장은 민그림의 P1에서의 인칭과 P2에서의 인칭이 같아야 하는데, 기본식을 통해 알 수 있듯이 P1은 3인칭이고, P2는 1인칭이므로 위 문장은 틀린 문장이 되었다. 기호 위의 v나 *는 문장이 틀렸음을 의미한다.

민다이어그램에서, P1과 P2의 인칭이 서로 같으면 둘 다 생략할 수 있다.

$$S_2{}^2$$

I am happy.
나는 행복합니다.

위 문장의 be 뒤에는 명사가 아닌 형용사가 왔다. 이를 단순식으로 나타내면 $^1S_2{}^{2\cdot}$ 이 된다.

Tom is tall.
탐은 크다.

위 문장의 단순식은 $^1\mathsf{S}_2{}^{2\cdot}$ 이다.

She or I am **wrong**.
그녀 아니면 내가 잘못한 겁니다.

위 문장의 단순식 역시 $^{i\,\&\,i}\mathsf{S}_2{}^{2\cdot}$ 이다. &는 or를 나타내는 기호
이다.

Playing the guitar is **very fun**.
기타를 치는 것은 매우 재미있다.

위 문장의 단순 민물식은 $^{5\,\,1}\mathsf{S}_2{}^{2\cdot}$ 이다. 위 문장은 주어가 명사가
아닌 doing(v+ing)으로 시작되었다. doing은 어느 곳에 있든 숫자
5로 표시한다.

Your playing the guitar is **important**.
당신이 기타를 치는 것은 중요하다.

위 문장의 기본식은 $^{2_2\,5_3\,1(\overline{2}\,\,1^b)}\mathsf{S}_{2_3}{}^{1}\,{}^{2\cdot}$ 이다. 다른 점이 있
다면 5 앞에 의미상의 주어 2_2가 있다는 것이 다를 뿐이다.

$$^1\mathsf{S}_2{}^{2\,3}$$

He is **good** at tennis.
그는 잘한다, 테니스를.

위 문장의 단순식은 $^i\mathsf{S}_2{}^{2\,3\cdot}$ 이다.

She is **as rich** as Lisa.
그녀는 부자이다, 리사 만큼.

위 문장의 기본식은 $\overset{\,\,\circ}{_2 1_3{}^1} \underset{2_3{}^1}{\zeta} 2(\dot{3}\ 2)\ 3(\overset{\circ}{3}\ {_2}1_3{}^{\text{a}})$. 이다.

Tom is **taller** than me.
탐은 더 크다, 나보다.

위 문장의 단순식은 ${}^1S_2{}^2{}^{3\cdot}$ 이고, 기본식은 $\overset{\,\circ}{_1 1_3{}^1} \underset{2_3{}^1}{\zeta} 2\ 3(\overset{\circ}{3}1_1)$.
이다.

I was **good** at science <u>when I was young</u>.
나는 좋았다(잘했다), 물리학에서, 내가 어렸을 때.

위 문장의 기본식은 ${}^1S_2{}^2\ 3(\overset{\circ}{3}\ 1)\ 8''(8\ {}^i\gamma_2{}^2)$. 이고, 단순식은 ${}^1S_2{}^2\ 3\ 8$.
이다. 밑줄 부분을 파생절이라고 하는데 파생절은 8로 표시한다.
위 문장에서의 파생절(밑줄부분)이 그 앞의 물리학을 꾸미면 8' 이
라고 표시하고, 물리학을 꾸미는 것이 아니라면 8 또는 8'' 로 표
시한다. 8'' 는 부사로 쓰였다는 의미이다. 위 문장을 계층 민물식
으로 나타내면 아래와 같이 된다.

$$3(\overset{\circ}{3}\ 1^{\text{c}})\ \dot{8}_1{}^{21}\ \overset{\,\circ}{1}_1\ \underset{2^2}{\text{Ɣ}}\ 2$$

$$\dot{1}_1{}^2 \underset{2_1{}^2}{\zeta} {}^{2.1}\ 3_{.2}\ 8_{.4}.$$

파생절은 감마(ɣ)나 C로 나타낼 수 있다. C는 절을 의미하는
clause의 머리글자이다.

I am proud of having been out with many girls in my school days. 나는 자랑스럽다, 여자친구가 많았던 것이, 학창시절에.

위 문장의 기본식은 $\dot{1}_1{}^1 \subset 2\ \dot{3}\ 5_2{}^3\ \dot{3}\ 3(\dot{3}\ 2\ 1\ 2_1{}^{2a})\ 3(\dot{3}\ _12_1\ 1\ 1^{2c})$.
$2_1{}^1$
이다.

I am ashamed of having been idle.
나는 부끄럽다, 게을렀던 것이.

위 문장의 기본식은 $\dot{1}_1{}^1 \subset 2\ \dot{3}\ 5_2{}^3\ 2.$
$2_1{}^1$
이다.

$$1\subset_2{}^2 4$$

I'm **ready** to go there.
나는 준비되었습니다, 거기에 갈.

위 문장의 기본식은 $\dot{1}_1{}^1 \subset 2\ 4_1\ \dot{3}.$
$2_1{}^1$
이다.

I am now **able** to help you.
나는 이제 할 수 있습니다, 당신을 돕는 것을.

위 문장의 단순식은 $1\subset_2{}^3\ 2\ 4\ \dot{1}.$ 이다.

Tom is **too old** to do it.
탐은 너무 늙었다, 그것을 하기에는.

위 문장의 기본식은 $_1 1_3{}^1 \underset{2_3{}^1}{\mathsf{S}} 2(\dot3\ 2)\ 4_3\ \dot1.$ 이고, 단순식은 $^1\mathsf{S}_2{}^{2\ 4\cdot}$ 이다.

$^1\mathsf{S}_2{}^2\,8$

I'm sure <u>I can do it</u>.
나는 확신합니다, 내가 그것을 할 수 있다고.

위 문장의 단순식은 $^1\mathsf{S}_2{}^2\ ^1\mathsf{Y}_{\Sigma 3}{}^{1\cdot}$ 이다. 위 문장은, I'm sure that 에서 that 이 생략된 형태이다.

1) It 이 있는 경우

이 책에서는 There be와 It be가 있는 문장은 모두 T_2 이다. 예외는 없다. 따라서 아래 문장은 $\mathsf{S}_2{}^2$ 에서 다루지 않고 $\mathsf{T}_2{}^2$ 에서 다룰 것이다.

It's good **for me to do it**.
좋았다, 내가 그것을 하기에.

위 문장의 기본식은 $\dot1 \underset{2^1}{\mathsf{T}} 2\ 3(\overset{\circ}{3}\ \dot1_1)\ 4_3\ \dot1.$ 이다.

It is **bright**.
그것은 밝다.

145

2) 주어가 절일 때

It's not **true** <u>that she is a writer</u>.
그것은 사실이 아니다, 그녀가 작가라는 것은.

위 문장의 기본식은 $^i T_{\tilde{2}^1}\ ^2 L\ 8_1{}^1\ _2\dot{i}_3\ Y_{2^1}\ ^{1(\dot{2}\ 1^{1a})}$. 이다.

의문문

Are you **happy**?
당신은 행복한가요?

위 문장의 단순식은 $_\varepsilon{}^1S_2{}^{\dot{2}\cdot}$ 이다. 위 문장은 엡실론 you를 주어 앞으로 넘겨 의문문을 만든 것이다. 동사자리의 2는 자리값을 나타내기 위한 기호이다.

Yes, I am **happy**.
예, 나는 행복합니다.

위 문장의 기본식은 $\dot{3},\ \dot{i}_1 S_{2^1}\ ^{2\cdot}$ 이다.

Where are you from?
어디에서, 당신은 오셨나요?
당신은 어디 출신인가요?

위 문장의 단순식은 $^w{}_\varepsilon{}^1S_2{}^{\dot{3}?}$ 이다.

I'm from New York.
저는 뉴욕 출신입니다.

위 문장의 단순식은 $^{l}S_2{}^{3\ 1?}$ 이다.

How are you?
어떻게 지내세요, 당신은?

위 문장의 기본식은 $\mathsf{^{h}\ \dot{i}_2}$ ε $\underset{2^1}{\mathsf{S}}$ $?$ 이다.

I'm fine, thank you. How are you?
저는 잘 지냅니다, 감사합니다. 어떻게 지내세요, 당신은?

위 문장의 단순식은 $^{l}S_2{}^{2}$, $\underline{S}_3{}^{1.}$ $^{h}_{\varepsilon}{}^{l}S_2{}^{?}$ 이다.

How old are you?
당신은 몇 살인가요?

위 문장의 단순식은 $^{h}_{\varepsilon}{}^{l}S_2{}^{?}$ 이다.

She is 7 months (old).
그녀는 7달 되었습니다.

$$\underset{2}{\mathsf{S}}{}^{3}$$

I am **here**.
나는 행복합니다.

위 문장의 기본식은 $\dot{i}_1$ $\underset{2^1}{\mathsf{S}}$ $\dot{3.}$ 이다.

I'm **in** (out).

난 낄래 (빠질래).

위 문장의 기본식은 $\overset{\cdot}{1}_1 \, \mathsf{S} \, \overset{\cdot}{3}.$ 이다.
$\qquad\qquad\qquad\qquad 2^1$

I'm **at work**.

나는 일터에 있다 (일하고 있다).

위 문장의 기본식은 $\overset{\cdot}{1}_1 \, \mathsf{S} \, 3(\overset{\cdot}{3}\ 1^\circ).$ 이다.
$\qquad\qquad\qquad\qquad 2^1$

My car is in the garage.

나내 차는 있습니다, 그 차고에.

$$1\,\mathsf{S}_2{}^{3}\,4$$

I am here **to listen**.

나는 여기 있습니다, (귀로) 들으려고.

위 문장의 단순식은 $\overset{\cdot}{1}_1 \, \mathsf{S} \, \overset{\cdot}{3}\ 4_1.$ 이다. to부정사는 언제나 4
$\qquad\qquad\qquad\qquad 2^1$

로 표시한다.

의문문

Are these on sale?

이것들은 판매중인가요?

위 문장의 단순식은 $\varepsilon \quad \underset{2^1}{S} \quad 3(\overset{\circ}{3}\ 1^\circ).$ 이다. $\tilde{1}$은 this 또는 that를 의미한다. 엡실론을 주어 앞으로 넘기면 의문문이 된다.

$\underset{2}{S}^4$

I am **to go**.
나는 갈 겁니다.

위 문장의 기본식은 $\overset{\bullet}{1_1} \underset{2^1}{S} 4_1.$ 이다. 민물숫자 4를 달리 to부정사, to파사 또는 to쿰사라고 한다. to파사란 to가 있는 파사라는 의미이다. 파사(派詞)란 파생된 말이라는 의미이다. to파사는 'to+ **동사원형**' 으로 구성된다. 쿰사란 4품사가 아닌 나머지를 의미한다. 4품사는 명사・동사・형용사・부사이다.

You and I are **to blame**.
당신과 내가 책임이 있다.

위 문장은 주어 부분이 좀 길다. 그렇다고 해서 달라진 건 아무 것도 없다. 위 문장을 간단히 나타내면 $^1S_2^4$ 이고, 구체적으로 나타내면 $^{1(1\&1)}S_2^4$ 이 된다. and는 &로 표시한다.

I'm just **about** to leave.
나는 막 떠나려던 참이었어요.

위 문장의 기본식은 $\dot{1}_1 S_{2^1}\ \dot{3}\ \dot{3}\ 4_1.$ 이다. be 뒤에 홀로부사가 2개 있다.

$$1S_2\ 4\ 1$$

I am **to be a doctor**.
나는 의사가 될 겁니다.

위 문장의 민물식은 $\dot{1}_1 S_{2^1}\ 4_2\ 1(\dot{2}\ 1).$ 이다. a는 2 위에 점을 찍어 $\dot{2}$로 나타낸다. 민물숫자 4에는, S큐브의 큐브숫자처럼 네 개의 동사를 나타낼 수 있다. 이를 $4_1, 4_2, 4_3, 4_4$ 라 한다. to be는 4_2 로 나타낸다. 숫자나 문자 아래의 밑줄은 생략, 이동, 자리값 등을 의미한다.

Anna is **to meet** him here.
아나는 만나야 할 겁니다, 그를 여기서.

위 문장의 기본식은 $_2{}^1 1_3{}^1 S_{2_3{}^1}\ 4_3\ {}_1{}^3 \dot{1}_3{}^1\ \dot{3}.$ 이다.

의문문

Is Anna **to meet** him here?
아나는 만나야 하나요, 그를 여기서?

위 문장의 기본식은 $\varepsilon {}^{2}1_{3}\ \mathsf{S}\ {}_{2}{}^{1}\ {}^{4}{}_{3}\ 1\ \dot{3}\ ?$ 이다. 엡실론 is를 주어 앞으로 넘기면 의문문이 된다. ε(엡실론)에는 $\varepsilon 1$, $\varepsilon 2$, $\varepsilon 3$ 이렇게 세 가지가 있다. $\varepsilon 1$은 ζ(제타) 앞의 '잠자는 엘실론(Sleeping ε)'이고, $\varepsilon 2$는 be동사이고, $\varepsilon 3$은 1차 조동사이다. $\varepsilon 1$을 달리 Sε 라고 하고, $\varepsilon 2$를 달리 Bε 라고 하고, $\varepsilon 3$을 달리 $\Sigma\varepsilon$ 라고 나타낼 수 있다. 하지만 $\varepsilon 1$, $\varepsilon 2$는 그냥 ε 이라고 하여도 무방하다. 동사숫자를 보고 $\varepsilon 1$ 인지 $\varepsilon 2$ 인지 알 수 있기 때문이다.

$1\mathsf{S}_{2}\,4\ 3$

I am **to go** there.
나는 갈 겁니다, 거기에.

의문문

At what time am I **to come**?
몇 시에, 제가 와야 하나요?

위 문장의 기본식은 $3(\dot{3}21°)\ \dot{1}_{1}\ \mathsf{S}\ {}_{2}{}_{1}{}^{1}\ 4_{1}\ ?$ 이다.

$$S_2{}^5$$

I'm **talking**.
나는 이야기하고 있어요.

위 문장의 단순 민물식은 $^1S_2{}^{5\cdot}$ 이다. 민물숫자 5를 달리 ing파사 또는 ing쿰사라고 한다. ing파사란 ing가 있는 파사라는 의미이다. 파사(派詞)란 파생된 말이라는 의미이다. 쿰사란 4품사가 아닌 나머지를 일컫는다. 4품사는 명사·동사·형용사·부사이다. $^1S_2{}^5$ 로 쓰일 수 없는 동사, '마·상·감·지'는 179~180쪽에 있다.

$$^1S_2{}^5 1$$

I'm **telling** the truth.
나는 말하고 있어요, 그 사실을.

위 문장의 기본식은 $\overset{1}{1_1} S_{2^1}{}^{5_3\ 1(\overline{2\ 1^c})}.$ 이다.

I have been studying English.
나는 영어를 공부하고 있는 상태이다.
나는 좀 전까지 영어공부하고 있었다.

위 문장의 기본식은 $\overset{1}{1_1{}^1} S_{2^3}{}^{5_3\ 1^c}.$ 이다. 동사3형 뒤에 민물숫자 5가 오면 상황에 따라 1) 지금 ~하고 있다 2) 좀 전까지 ~했다 3) for와 since가 붙으면, 기간 동안 ~하고 있다 라는 표현이 된다.

$1\subset_2{}^5 2$

I think you are being optimistic.
나는 생각한다, 네가 낙관적인척한다고.

위 문장의 기본식은 $\overset{\bullet}{1}_1 \subset_{3^1} \underline{8}_1{}^1 \overset{\bullet}{1}_2 \gamma \, 5_2\, 2._{2_2{}^1}$ 이다.

$1\subset_2{}^5 3$

I'm **talking** on the phone.
나는 이야기하고 있어요, 그 전화로.

위 문장의 기본식은 $\overset{\bullet}{1}_1 \subset_{2^1} 5_1\, 3(\overset{\circ}{3}\ \overline{2}\ 1^b).$ 이다.

의문문

Are you **going** to the party?
당신은 가고 있나요, 파티에?

위 문장의 기본식은 $\overset{\bullet}{1}_2 \subset_{2^1} 5_1\, 3(\overset{\circ}{3}\ \overline{2}\ 1^c)\ ?$ ε 이다. be going to
에는 두 가지 뜻이 있는데, 여기에서처럼 to 뒤에 장소가 오면 '~
에 가다' 라는 의미가 된다.

$$1 \underset{2}{\mathsf{S}}{}^{5}\,4$$

I'm **trying** to decide.
나는 시도하고 있습니다, 결정하려고.

위 문장의 기본식은 $\overset{\bullet}{1}_1 \underset{2_1{}^1}{\mathsf{S}}{}^{5_1}\,4.$ 이다.

I'm **calling** to make a reservation.
나는 전화하고 있습니다, 방을 예약하려고.

위 문장의 기본식은 $\overset{\bullet}{1}_1 \underset{2^1}{\mathsf{S}}{}^{5_1}\,4_3\,1(\overset{\bullet}{2}\,1^\circ).$ 이다.

I'm **calling** to see how you're doing.
제가 전화했습니다, 당신이 어떻게 지내는지 보려고.

위 문장의 기본식은 $\overset{\bullet}{1}_1 \underset{2^1}{\mathsf{S}}{}^{5_1}\,4_3\,W_1{}^{32}\,\overset{\bullet}{1}_2 \underset{2^1}{\mathsf{Y}}{}^{5_1}.$ 이다.

I'm **calling** to see if I can come over.
제가 전화했습니다, 제가 그쪽으로 가도 되는지 보려고.

위 문장의 기본식은 $\overset{\bullet}{1}_1 \underset{2^1}{\mathsf{S}}{}^{5_1}\,4_3\,f\,\overset{\bullet}{1}_1 \underset{\Sigma^3 1^1}{\mathsf{Y}}\,\overset{\bullet}{3}.$ 이다.

1) ing파사 만들기

동사 뒤에 ing가 붙어 있는 것을 'ing파사(ing쿰사)'라고 한다. 대부분의 동사는, 아래의 예처럼, 동사 뒤에 ing를 붙이면 바로 'ing파사'가 된다.

eat → eating

위 기본 원칙에서 벗어나는 경우가 세 가지 있다. 그 세 가지는 '빼기, 더하기, 바꾸기'이다.

첫째, **빼기**이다. 끝이 e로 끝나면 e를 빼고 ing를 붙인다.

drive → driving

둘째, **더하기**이다. 끝이 '자모자(자음 모음 자음)'로 끝나면 마지막 자음을 한 번 더 추가하여 '자모자자(자음 모음 자음 자음)'를 만든 후 ing를 붙인다.

drop → dropping

셋째, **바꾸기**이다. 끝이 ie로 끝나면 y로 바꾼 후 ing를 붙인다.

die → dying

의문문

Are you **going** to study?
당신은 공부할건가요?

위 문장의 단순 민물식은 $\varepsilon^1 S_2{}^{5\ 4?}$ 이다. be going to 에는 두 가지 뜻이 있는데, 여기에서처럼 to 뒤에 동사가 와서 to파사로 쓰이면 '~하려 한다' 라는 의미가 된다.

1) 의문사가 있는 경우

What are you **doing**?
무엇을 당신은 하고 있나요?

위 문장의 기본식은 $W_2^4 \quad \dot{i}_2 \quad S_{\underline{2}^1} \quad 5_3\, \underline{1}.$ 이다.

What are you **talking** about?
무엇에 대해 당신은 말하고 있나요?

위 문장의 기본식은 $W_2^4 \quad \dot{i}_2 \quad S_{\underline{2}^1} \quad 5_3\, \dot{3}\, \underline{1}.$ 이다. 문자나 숫자 아래의 밑줄은 생략, 이동, 자리값 등을 의미하는데 위 두 문장에서는 자리값을 의미한다.

$$S_2^{\,6}$$

I'm **lost**.
나는 잃어버린 상태이다.

위 문장의 단순 민물식은 $^1S_2^{\,6\cdot}$ 이다. 민물숫자 6을 달리 ed파사 또는 ed쿰사라고 한다. ed파사란 ed가 있는 파사라는 의미이다. 파사(派詞)란 파생된 말이라는 의미이다. 쿰사란 4품사가 아닌 나머지를 의미한다. 4품사는 명사·동사·형용사·부사이다.

$$1\underset{2}{S}{}^{6}1$$

He was elected President by people.
그는 선출되었다 대통령으로, 사람들에 의해.

위 문장의 앙티식은 $_1\overset{\circ}{1}_3\underset{2^2}{S}a\ 6\ 1\ 3(\overset{\circ}{3}\ 1_3{}^{2a})$. 이다. 위 문장에서, 왼쪽의 1과 오른쪽의 1은, S_2 문장이 된다. 이러한 문장들은 $S_4{}^1$ 과 관계가 있다.

위 문장의 에티식은 $_1\overset{\circ}{1}_3\underset{2^2}{S}e\ 6\ \overset{\circ}{3}\ 3(\overset{\circ}{3}\ 1_3{}^{2a})$. 이다. 대통령이라는 말이, 앙티(드러난 것)로는 1이지만, 에티(의미되어지는 것)로는 3이다. 위 문장을 S_4로 바꾸면 People elected him President. 가 된다.

He was made a soldier by his father.
그는 만들어졌다 한 사람의 군인으로, 아버지에 의해.

주의사항

I was told the story by him.
나는 들었다, 그 이야기를, 그에 의해.

위 문장의 기본식은 $\overset{\circ}{1}_1{}^1\underset{2_1{}^2}{S}\ 6_3\ 1(\overline{2}\ 1^c)\ 3(\overset{\circ}{3}\ _1\overset{\circ}{1}_3)$. 이다. 위 문장에서, 왼쪽의 1과 오른쪽의 1은, S_2 문장이 되지 못한다. 그리고 6은 6_3의 의미를 갖는다. 이런 문장들은 T_4와 관계가 있다.

The story was told me by him.
그 이야기는 들려졌다, 나에게, 그에 의해.

위 문장의 기본식은 $1(\overline{2}1^c)\ \text{S}_{2_3}{}^2\ 6_3\ {}^3\dot{1}_1\ 3(\dot{3}\ {}_1\dot{1}_3)$ 이다. 위 문장
에서, 왼쪽의 1과 오른쪽의 1은, S_2 문장이 되지 못한다.

I was sent a book by Anna.
나는 받게 되었다, 책 한권을, 아나에 의해.

I was shown the way by Sunny.
나는 안내 받았다, 그 길을, 써니에 의해.

A book was brought me by her.
책 한권이 옮겨졌다, 나에게, 그녀에 의해.

A cup of coffee was handed me by Tom.
커피 한 잔이 건네졌다, 나에게, 탐에 의해.

$$1\text{S}_2{}^6\,2$$

She is believed honest by us.
그녀는 믿어진다 정직하다고, 우리들에 의해.

위 문장의 기본식은 ${}_2\dot{1}_3\ \text{S}_{2_3}{}^1\ 6\ 2\ 3(\dot{3}_3{}^2\ {}^3\dot{1}_1{}^2)$ 이다. 위 문장을
$S_4{}^2$로 바꾸면 We believed her honest. 가 된다.

The bird was set free by him.
그 새는 자유롭게 되었다, 그에 의해.

$1 \underset{2}{\mathsf{S}} {}^{6\,3}$

She was **killed** with a rifle (by him).

그녀는 살해되었다, 총으로, (그 남자에 의해).

위 문장의 기본식은 $_2\dot{1}_3\ \mathsf{S}\ {}^{6_1\ 3(\mathring{3}_3{}^2\ _12\ 1^b).}_{\quad 2_3{}^2}$ 이다. $_\square 1$의 $\square$는 성(性, sex, gender)을 나타내는 기호이다. 1은 남성, 2는 여성, 3은 중성을 의미한다. $1^\star$의 ☆는 단수와 복수를 의미한다. 1이 오면 단수, 2가 오면 복수이다. I, He, She 등 단수가 오면 생략할 수 있다. 2는 a와 an을 나타내는 기호이다. a는 $_12$로 나타내고, an은 $_22$로 나타낸다.

I'm **married** to Peter.

나는 결혼한 상태이다, 피터에게.

위 문장의 기본식은 $\dot{1}_1\ \mathsf{S}\ {}^{6_1\ 3(\mathring{3}_1{}^1\ 1^a).}_{\quad 2_1{}^1}$ 이다.

This book was **written** by Peter.

이 책은 씌어졌습니다, 피터에 의해.

위 문장의 기본식은 $1(_1\tilde{2}1^b)\ \mathsf{S}\ {}^{6_1\ 3(\mathring{3}_3{}^2\ 1^a).}_{\quad 2_3{}^2}$ 이다.

English is **used** in America.

영어는 사용됩니다, 미국에서.

위 문장의 기본식은 $1_3{}^c\ \mathsf{S}\ {}^{6_1\ 3(\mathring{3}_1{}^6\ 1^c).}_{\quad 2_3{}^1}$ 이다.

This pen was **given** to me by Anna.

이 펜은 주어졌다, 나에게, 아나에 의해.

위 문장의 기본식은 $1(_1\tilde{2}\ 1_3{}^b) \underset{2_3{}^2}{\mathsf{S}}\ 6_1\ 3(\mathring{3}_1{}^1\ \mathring{1}_1)\ 3(\mathring{3}_3{}^2\ 1^a).$ 이다.

의문문

Are you **done** with the dishes?

당신, 설거지 끝냈나요?

위 문장의 기본식은 ε $\overset{\mathring{1}_2}{} \underset{\underline{2}^1}{\mathsf{S}}\ 6_1\ 3(\mathring{3}\ \overline{2}\ 1^{2b})\ ?$ 이다.

$$1\underset{2}{\mathsf{S}}{}^{6}\,4$$

She is **believed** to be honest (by us).

그녀는 믿어진다 정직하다고, (우리에 의해).

위 문장의 기본식은 $_2\mathring{1}_3 \underset{2_3{}^1}{\mathsf{S}}\ 6_1\ 4_2\ 2\ (\mathring{3}_3{}^2\ 1_1{}^2).$ 이다. 위 문장은 S_4에서 온 문장이다. 위 문장을 S_4로 바꾸면 We believed her to be honest. 가 된다.

She was **seen** to close the window.

그녀는 보여 졌다, 창문을 닫는 것이.

위 문장의 기본식은 $_2\mathring{1}_3 \underset{2_3{}^2}{\mathsf{S}}\ 6\ 4_3\ 1(\overline{2}\ 1^b).$ 이다. 위 문장은 S_4

에서 온 문장이다.

She was had **to wash** the table.

그녀는 하게 되었다, 그 테이블을 닦는 것을.

위 문장의 기본식은 $2\dot{1}3 \sum_{2_3^2} 6\ 4_3\ 3(\overline{2}\ 1^b)$. 이다. 위 문장은 S_4
에서 온 문장이다.

She is said to be cute.

그녀는 말해진다, 예쁘다고.

위 문장의 기본식은 $2\dot{1}3 \sum_{2_3^1} 6\ 4_2\ 2$. 이다. to파사 중 have가
없는 1형과 2형은 문장과 같은 시간을 의미한다. 위 문장을 that
절을 사용하여 바꾸면 아래와 같이 된다.

It is said that she is cute.

말해진다, 그녀가 예쁘다고.

She is said to have been cute.

그녀는 말해진다, 예뻤다고.

위 문장의 기본식은 $2\dot{1}3 \sum_{2_3^1} 6\ 4_2{}^3\ 2$. 이다. 위 두 문장은 $S_2{}^8$
에서 온 것이다. to파사 중 have가 있는 3형과 4형은 문장보다
이전시간을 의미한다. 위 문장을 that절을 사용하여 바꾸면 아래
와 같이 된다.

It is said that she was cute.
말해진다, 그녀가 예뻤다고.

위 문장을 통해, to have been은 문장의 시간인 **is** 보다 이전을 나타낸다는 것을 알 수 있다.

$$1 S_2{}^{6}\,5$$

She was kept waiting by me.
그녀는 유지되었다, 기다리도록, 나에 의해.

위 문장의 기본식은 $_2\overset{\bullet}{1}_3 \, S_{2_3}{}^1 \; 6 \; 5 \; 3(\overset{\circ}{3}_3{}^2 \; {}^3\overset{\circ}{1}_1).$ 이다. 위 문장을 S_4로 바꾸면 I kept her waiting. 이 된다.

Anna was seen closing the window.
그녀는 보여 졌다, 그 창문을 닫고 있는 것이.

위 문장의 기본식은 $_2 1_3 \, S_{2_3}{}^2 \; 6 \; 5_3 \; 1(\overline{2}\; 1^{1b}).$ 이다.

$$S_2{}^{7}$$

My car is <u>being fixed</u>.
내 차가 수리되고 있어요.

위 문장의 민물식은 $1(2_1 \ 1_3{}^b)$ $\underset{2_3{}^1}{\mathsf{S}}{}^7.$ 이다.

Rapid advances in science was <u>being made</u>.
화살처럼 빠른 진보들이, 과학에서, 이루어지고 있었다.

위 문장의 민물식은 $1(2 \ 1_3{}^{2c}) \ 3'(\overset{\circ}{3} \ 1^c)$ $\underset{2_3{}^2}{\mathsf{S}}{}^7.$ 이다.

In medicine or economics, in technology or space, battle lines are <u>being drawn</u>. 의학이나 경제학 분야에서, 공학이나 우주 분야에서 전선이 펼쳐져 있습니다.[21]

위 문장의 기본식은 아래와 같다.

$3(\overset{\circ}{3}_1{}^6 \cdot 1^c \ \dot{\&} \ 1^c), \ 3(\overset{\circ}{3}_1{}^6 \cdot 1^c \ \dot{\&} \ 1^c), \ 1(2 \ 1_3{}^{2c})$ $\underset{2_3{}^1}{\mathsf{S}}{}^7.$

$$1\underset{2}{\mathsf{S}}{}^7 \ 3$$

The plane is <u>being delayed</u> by the typhoon.
그 비행기가 지연되고 있습니다, 그 태풍으로.

위 문장의 기본식은 $1(\overline{2} \ 1_3{}^{1b})$ $\underset{2_3{}^1}{\mathsf{S}}{}^7 \ 3(\overset{\circ}{3}_3{}^2 \ \overline{2} \ 1_3{}^{1b}).$ 이다.

---

21) 『뷰티플 마인드』 이상숙 번역 서울 2007. 스크린영어사, 10쪽.

$S_2{}^8$

That's **what I want**.
그것이 제가 원하는 겁니다.

위 문장의 단순식은 $^1S_2{}^{8\cdot}$ 이고, 계층식은 아래와 같다. be 뒤에 8번째로 오는 것은 파생절이다. 파생절은 8로 나타낸다.

$$\dot{8}_2{}^4 \ \dot{1}_1 \quad \forall_{3_1{}^1} \ \underline{1}$$
$$_2\tilde{1}^1 \ S_{2_3{}^1} {}^{8.}$$

위 계층식에서, 맨 오른쪽의 1 아래에 밑줄(_)이 있다. 기호에서의 밑줄은 생략·이동·자리값 등을 의미한다. 위 문장에서는 이동을 의미하고, 이동한 것은 $\dot{8}_2{}^4$ 이다.

모든 동사에는 1~4형까지 있는데, 1~2형에는 have가 없고 3~4형에는 have가 있다. 어떤 문장이 홀수형(1형, 3형)으로 시작되면 그 뒤에는 1~4형까지 올수 있지만, 짝수형(2형, 4형)으로 시작되면 그 뒤에는 홀수형은 올 수 없다. 아래 그림에서 과비는 과거아닌 것을 의미한다.

V^1 (have 없는 과비)
V^2 (have 없는 과거)
V^3 (have 있는 과비)
V^4 (have 있는 과거)

T₂

$T_2{}^0$

How difficult it is to know oneself!

참 어렵구나, 그것은, 자기 자신을 아는 것은!

$$W_1{}^{32}\,2\,i\,\mathbf{T}_{2_3}{}^1\,\mathsf{L}\,4_3\,{}_3{}^{30}1_3.$$

위 문장의 기본식은 　　　　　　　　 이다. ³⁰1은 self 를 나타내는 기호이다. 1 오른쪽 아래의 인칭과 왼쪽 아래의 성 이 무엇이냐에 따라 myself, yourself, himself 등이 결정된다.

다만 oneself는 $_3{}^{30}1_3$ 이라고 중성으로 나타내기로 한다.

$T_2{}^1$

1. There

'~이 있다'고 말하고 싶으면 There is, There are 뒤에 유형이

나 무형의 존재를 넣으면 된다. there는 $\bar{I}$로 표시한다.

c 심물	d 속물
b 타물	a 생물

존재에는 위 그림과 같이 네 가지가 있다. 생물은 입자가 있고 생식을 통해 온 것이다. 타물은 입자가 있으나 생식으로 오지 않은 것이다. 속물은 입자가 없으나 살고 있다고 여겨지는 것들이다. 심물은 입자 없이 추상적인 것들이다.[22]

There is **a problem**.
있다, 하나의 문제가.

위 문장의 민물식은 $\bar{I}\ T_{2_3^1}\ 1(_1\dot{2}\ 1^c)$. 이다. T와 $\tilde{S}$는 같은 기호이다.

There was a willow tree.
있었다, 한 그루의 버드나무가.

위 문장의 민물식은 $\bar{I}\ T_{2_3^2}\ 1(_1\dot{2}\ 1\ 1^a)$. 이다.

2. it

시간, 거리, 날씨, 명암은 언제나 It 으로 시작한다.

---

22) 『예수는 처녀생식으로 오지 않았다』민서희 지음 서울 2011. 도서출판 생소사, 102~108쪽.

What time is it now?

몇 시 인가요, 지금?

위 문장의 민물식은 $\mathbf{\varepsilon}\,T_{2_3^1}^{W_2^4\,1^c\,\dot{1}\quad\,1\,\dot{3}.}$ 이다.

$$1\,T_2^{1\,3}$$

There is a hospital near here.

병원 하나가 있다, 이 부근에.

위 문장의 민물식은 $T_{2_3^{1/1}}^{\bar{1}\quad 1(_12\,1^b)\,\dot{3}\,\dot{3}.}$ 이다.

There are three books on the desk.

세 권의 책이 있다, 책상 위에.

위 문장의 민물식은 $T_{2_3^{1/2}}^{\bar{1}\quad 1(2\,1^{2b})\,3(\mathring{3}_1^5\,\overline{2}\,1^{1b}).}$ 이다. 동사의 단수는 /1, 복수는 /2로 나타낸다.

There must be gold on this island.

틀림없이 금이 있을 거다, 이 섬에는.[23]

위 문장의 기본식은 $T_{\Sigma^5 2^1}^{\bar{1}\quad 1^b\,3(\mathring{3}_1^5\,_1\tilde{2}^1\,1^{1b}).}$ 이다. 위 문장은 there be 의 영향으로 '~이 있다' 라는 뜻이 추가되었다. 위 문장

---

23) 『영어의 대륙에 깃발을 꽂아라』 하광호 지음 서울 2000. 디자인하우스, 80~81쪽.

의 기본식을 달리 $\overline{1}T_{\Sigma^{51}2^0}\;1^b\,3(\mathring{3}_1{}^5\,{}_1\tilde{2}^1\,1^{1b}).$ 라고 나타낼 수 있다.

$^1T_2{}^{14}$

<u>It</u> is **the best way** to success <u>to work hard</u>.

그것은 제일 좋은 길이다, 성공하는, 열심히 공부하는 것은.

위 문장의 기본식은 $\overset{\cdot}{1}T_{23^1}\;1(\overline{2\,2}\,1^{1c})\,4'\,\mathsf{L}\,4_1\,\mathring{3}.$ 이다.

$^1T_2{}^{18}$

There are **more books** than I can count.

더 많은 책들이 있다, 내가 셀 수 있는 것 보다.

위 문장의 기본식은 $\overline{1}T_{23^1}\;1(2\,1^{2b})\,\mathring{8}_1{}^5\,\mathring{1}_1\;\curlyvee_{\Sigma^{3}1^1}.$ 이다. 위 문장은 전치사 뒤에 파생절이 온 경우이다.

$T_2{}^2$

1. It

시간, 거리, 날씨, 명암은 언제나 It is 로 표현한다. 이때 be동사를 복수로는 사용하지 않는다.

$$\overset{\cdot}{{}^{1}}T_2{}^2\,\overset{\cdot}{{}^{3}}$$

It's very dark outside.
어둡습니다, 밖은.

위 문장의 기본식은 $\overset{\cdot}{{}^{1}}\ T\ {}_{2_3^{1}}{}^{2(\overset{\cdot}{3}\ 2)\ \overset{\cdot}{3}}.$ 이다.

$$\overset{\cdot}{{}^{1}}T_2{}^2\,{}^{4}$$

<u>It</u> is not easy <u>for me **to finish** the work in a week</u>.
그것은 쉽지 않다, 내가 그 일을 끝내는 것은, 일주일 안에.

위 문장의 기본식은 $\overset{\cdot}{{}^{1}}\ T\ {}_{\tilde{2}^{1}}{}^{2\ \llcorner\overset{\cdot}{3}_1{}^2\ \overset{\cdot}{1}_1{}^1\ 4_3\ 1(\overline{\overset{\cdot}{2}}\ 1^c)\ 3''(\overset{\circ}{3}\ \overset{\cdot}{1}\ 1^c).}$ 이다.

$$\dot{i}T_2{}^{2}5$$

It is very interesting __travelling by car__.
그것은 아주 흥미 있다, 차로 여행하는 것은.

위 문장의 기본식은 $\dot{i}\ T_{2_3^1}\ 2(\dot{3}\ 2)\ \llcorner\ 5_1\ 3(\mathring{3}\ 1^b).$ 이다.

$$\dot{i}T_2{}^{2}8$$

It is __doubtful__ whether she will be able to come.
그것은 의심스럽다, 그녀가 올 수 있을 지가.

위 문장의 민물식은 $\dot{i}\ T_{2_3^1}\ 2\ \llcorner\ \dot{8}_{1^{42}}\ _2\dot{i}_3\quad \Upsilon_{\Sigma^1 2^1}\ 2\ 4.$ 이다.

$$T_2{}^{3}$$

1. It

1) 시간

시거날명(시간, 거리, 날씨, 명암)은 언제나 It is 로 표현한다. be동사를 복수로는 사용하지 않는다.

It's too far away from here to PuSan.
너무 멉니다, 여기서 부산까지는.

위 문장의 민물식은 $\overset{\mathrm{i}}{\underset{2_3{}^1}{\mathrm{T}}}$ 3 3 3 3($\overset{\circ}{3}_3{}^3$ 1) 3($\overset{\circ}{3}_1{}^1$ 1). 이다.

$\mathrm{T}_2{}^5$

1. It

시간, 거리, 날씨, 명암은 언제나 It is 로 표현한다.

<u>It</u> was **raining**.
비가 오고 있었다.

위 문장의 기본식은 $\overset{\mathrm{i}}{\underset{2_3{}^2}{\mathrm{T}}}{}^{5.}$ 이다.

$^1\mathrm{T}_2{}^5\,^2$

It is growing dark.
점점 어두워지고 있다.

위 문장의 기본식은 $\dot{1}\mathbf{T}_{2_3^1}{}^{5_1 2.}$ 이다. 제1동사 grow가 넘어와 쓰인 예이다.

$$^{1}\mathbf{T}_{2}{}^{5\ 8}$$

<u>It</u> was **snowing** <u>when she called me</u>.
눈이 오고 있었다, 그 때 그녀가 나에게 전화했다.

위 문장의 기본식은 $\dot{1}\mathbf{T}_{2_3^2}{}^{5\ 8_1{}^{21}\ {}_2\dot{1}_3}\ \mathbf{Y}_{3^2}{}^{{}^3\dot{1}_1.}$ 이다.

$$\mathbf{T}_{2}{}^{6}$$

1. there

There were said to be alien there.
있다고들 했다 외계인이, 거기에는.

위 문장의 기본식은 $\bar{1}\mathbf{T}_{2_3^2}{}^{6_1\ 4_2\ 1_3{}^{1a}\ \dot{3}.}$ 이다.

2. it

It is said to be nice.

그것은 좋다고들 한다.

위 문장의 기본식은 $^{i}T_{2_3^{1}}^{6_1\,4_2\,2.}$ 이다.

제 4 편

S_3

$$S_3{}^1$$

I like **pizza**.
나는 좋아한다, 피자를.

위 문장의 단순식은 $^1S_3{}^{1\cdot}$ 이다. 단순 민물식을 줄여 단순식이라고 한다.

He has fixed **the broken TV**.
그는 고친 상태이다, 고장 난 TV를.

위 문장의 기본식은 $_1\dot{1}_3 \, S_{3^3} \, 1(\overline{2} \ 6 \ 1^{1b})$. 이다. 민물숫자에서, $_\square 1$ 의 $\square$는 성(性, sex, gender)을 나타내는 기호이다. 1은 남성, 2는 여성, 3은 중성을 의미한다. 민물숫자에서, $1_\triangle$의 $\triangle$는 인칭(人稱, person)을 나타내는 기호이다. 1은 1인칭, 2는 2인칭, 3은 3인칭을 의미한다.

I can do it.
나는 그것을 할 수 있다.

위 문장의 기본식은 $\dot{1}_1 \, S_{\Sigma^3 3^1} \, \dot{1}.$ 이다.

Lisa has **blue eyes**.
리사는 파란 눈이 있다.

위 문장의 기본식은 $_2 1_3 \, S_{3^1} \, 1(2 \ 1^{2a}).$ 이다.

I'll **have to** do it.

나는 해야 할 겁니다, 그것을.

위 문장의 기본식은 $\overset{\mathring{1}_1}{\underset{\Sigma^{11}\,\sigma\,3}{\mathsf{S}}}\ \overset{\mathring{1}.}{}$ 이다.

$1\underset{3}{\mathsf{S}}_3\,1\,3$

Anna call me last night.

아나가 전화했다, 나에게 지난밤에.

위 문장의 단순식은 $1\mathsf{S}_3{}^{13.}$ 이고, 기본식은 $\overset{{}_2\mathring{1}_3}{\underset{3^1}{\mathsf{S}}}\ \overset{\mathring{1}_1\,3(2\ 1^c).}{}$
이다.

Anna did the **homework** yesterday.

아나는 숙제를 했다, 어제.

위 문장의 기본식은 $\overset{{}_2\mathring{1}_3}{\underset{3^2}{\mathsf{S}}}\ \overset{1(\overline{2}\ 1^c)\ \mathring{3}.}{}$ 이다.

I will meet him **at three**.

나는 만나겠습니다, 그를 3시에.

위 문장의 기본식은 $\overset{\mathring{1}_1}{\underset{\Sigma^1 3^1}{\mathsf{S}}}\ \overset{{}_1\mathring{1}_3\,3(\mathring{3}\ 1^c).}{}$ 이다.

She put the book **on the table**.

그녀는 그 책을 놓았다, 책상 위에.

위 문장의 기본식은 $\overset{{}_2\mathring{1}_3}{\underset{3^2}{\mathsf{S}}}\ \overset{1(\overline{2}\ 1^b)\ 3(\mathring{3}_1{}^5\ \overline{2}\ 1^b).}{}$ 이다.

James carries **himself** like a policeman.
제임스는 붙잡아 왔다, 어떤 한 경찰처럼.

위 문장의 기본식은 $_1 1_3 \overset{\textstyle S}{\underset{3^1}{}} {}_1 1_3\ 3(\overset{\circ}{3}_4{}^4\ {}_1\dot{2}\ 1^{1a}).$ 이다.

Tom sold **his old car** to one of his friends.
탐은 팔았다, 그의 오래된 차를, 친구 중 한 명에게.

위 문장의 단순식은 $^1 s_3{}^1\ ^3\ ^{3.}$ 이고, 압축식은 $_1 1_3 \overset{\textstyle S}{\underset{3^2}{}} 1^b{}_{.3}\ 3^1{}_{.5.}$
이다. 압축식은 기본식을 줄여 쓰면서도, 숫자에 내용을 최대한 많이 담고, 오른쪽 아래의 점 뒤에 글자 수를 알려주는 효율적인 식이다. 압축식을 달리 속기식, 요약식이라고 한다. 위 문장의 기본식은 아래와 같다.

$$_1 1_3 \overset{\textstyle S}{\underset{3^2}{}} 1(_1 2_3\ 2\ 1^{1b})\ 3(\overset{\circ}{3}_1{}^1\ 1^a)\ 3(\overset{\circ}{3}_1{}^3\ {}_1 2_3\ 1^{2a}).$$

주의사항

S_3에만 쓰이는 아래와 같은 S_3동사가 있다.[24]

announce	confess	describe explain
introduce	propose	suggest

---

24) 『패턴 영문법』 손소예 지음 서울 2012. 정진출판사, 68쪽.

I will explain everything to you.

제가 설명하겠습니다, 모든 것을 당신께.

위 문장의 기본식은 $\overset{\mathring{1}_1}{\underset{\Sigma^1 3^1}{\varsigma}}\ 1_3\ 3(\mathring{3}_1{}^1\ \mathring{1}_2).$ 이다.

주의사항

아래와 같은 동사들은 $\underline{S_2{}^5}$ 로는 쓸 수 없다. 즉 be ~ing로는 쓸 수 없다. 아래 네 개의 표를 앞글자를 따서 '**마상감지**' 라고 한다.

마음

love	like dislike	need want
hate	hope	prefer

상태

have	mean	resemble cost

감각

see	hear smell	taste feel

지각

imagine	agree forget	know understand
doubt	find	remember

$1\underset{3}{S}{}^{1}4$

She brought **her son** to see me.
그녀는 그녀의 아들을 데리고 왔다, 나를 만나 보려고.

위 문장의 기본식은 $_2\overset{\bullet}{1}_3 \underset{3^2}{S} 1(_22_3 \ _1{}^{3}1_3{}^{a}) \ 4_3 \ {}^{3}\overset{\bullet}{1}_1$. 이다.

$1\underset{3}{\overset{\bullet}{S}}{}^{1}5$

Lisa hit a cat driving her car.
리사는 고양이를 쳤다, 그녀의 차를 운전하다가.

위 문장의 기본식은 $_2{1}^{1}_3 \underset{3^2}{S} 1(\overset{\bullet}{2} \ 1^{a}) \ 5_3 \ 1(_22_3 \ 1^{b})$. 이다. 만약 위 문장에서, driving her car 를 문장 앞에 쓸 때에는 끝에 쉼표를 넣으면 된다.

Driving her car, Lisa hit a cat.
그녀의 차를 운전하다가, 리사는 고양이를 쳤다.

위 문장의 기본식은 $5_3\ 1(_22_3\ 1^b),\ _21^1{}_3 \underset{3^2}{\mathsf{S}}\ 1(\dot{2}\ 1^a)$ 이다.

부정문

I can't understand you.
나는 이해할 수 없어요, 당신을.

위 문장의 기본식은 $\dot{1}_1 \underset{\tilde{\Sigma}^33^1}{\mathsf{S}}\ \dot{1}_2.$ 이다.

I can't do it because I'm very sick.
나는 그것을 할 수 없어요, 내가 아프기 때문에.

위 문장의 기본식은 $\dot{1}_1 \underset{\tilde{\Sigma}^33^1}{\mathsf{S}}\ \dot{1}\ \mathring{8}_1{}^5\ \dot{1}_1 \underset{2^1}{\mathsf{Y}}\ 2(\dot{3}\ 2).$ 이다.

의문문

Do you love me?
당신은 좋아하나요, 나를?

Yes, I love you.
예, 나는 사랑합니다, 당신을.

위 의문문의 단순식은 $_\varepsilon{}^1\mathsf{S}_3{}^{1\cdot}$ 이다. 엡실론을 주어 앞으로 넘기면 선택의문문이 된다. 엡실론은 모듬동사(묶음동사) 중 가장 앞에 오는 낱말이다.

1) 의문사가 있는 경우

What do you like?
무엇을, 당신은 좋아하나요?

위 문장의 단순식은 $^w_{\varrho}{}^i S_3{}^?$ 이다.

2) 조동사가 있는 경우

Can I have a cookie?
제가, 쿠키를 먹어도 되나요?

위 문장의 단순식은 $_\Sigma{}^1 S_3{}^{1\cdot}$ 이다.

May I use your pen.
제가 사용해도 되나요, 당신의 펜을.

위 문장의 기본식은 $_\Sigma{}^4$ $\overset{\dot{1}_1}{S}{}_{3^1}$ $1(2_2\ 1_3{}^{1b}).$ 이다.

주략문

See you later.
나중에 뵈요.

위 문장의 기본식은 $\underset{3^1}{S}$ $\overset{\dot{1}_2\ \dot{3}.}{}$ 이다.

Come and see this book.
와서 보세요, 이 책을.

위 문장의 기본식은 $\underset{3^1 \& 3^1}{\text{S}}^{\;1(_{|}\tilde{2}\;1^{1b}).}$ 이다.

Choose Jone or me.

고르세요, 존이나 나 (중에서).

위 문장의 기본식은 $\underset{3^1}{\text{S}}^{\;_{|}1_3\;\&\;\dot{1}_1.}$ 이다.

Do **whatever you want**.

하세요, 무엇이든 당신이 원하는 것을.

위 문장의 기본식은 $\underset{3^1}{\text{S}}^{\;\dot{8}_2{}^{40}\;\dot{1}_2}\;\underset{3^1}{\text{Y}}^{\;\dot{1}.}$ 이다.

Speak up so that Sunny may hear you.

크게 말하세요, 써니가 당신 말을 들을 수 있도록.

위 문장의 압축식은 $\underset{3^1}{\text{S}}^{\;\dot{3}\;\dot{8}_2\;{}_2 1_3}\;\underset{\Sigma^4 3^1}{\text{Y}}^{\;\dot{1}_2.}$ 이다.

Put **your coat** on.

놓으세요 당신의 웃옷을, 몸 위에.

위 문장의 기본식은 $\underset{3^1}{\text{S}}^{\;2_2\;1_3{}^{b}\;\dot{3}.}$ 이다.

구조적 중의성

The girl kissed the boy <u>in the airport</u>.

위 문장은 두 가지 구조와 그 구조에 따른 뜻을 가지고 있어서 자연스레 두 가지 뜻이 발생한다. 두 가지 구조를 동시에 나타낼 때는 아래와 같이 발생하는 지점 오른쪽 어깨에 # 표시를 한다.

$$1(\overline{2}\ _2 1_3{}^{1a})\ \underset{3^2}{\displaystyle\int}\ 1(\overline{2}\ _1 1_3{}^{1a})\ 3^{\#}(3_1{}^{61}\ \overline{2}\ 1_3{}^{1b}).$$

위 문장에서 기호 # 는 $^1S_3{}^1\ {}^{3'}$ 구조와 $^1S_3{}^1\ {}^{3''}$ 구조를 동시에 가지고 있음을 의미한다.

$$\rightarrow\quad {}^1S_3{}^1\ {}^{3'}$$

→ 표시는 '위 문장은 다음과 같이 쓸 수 있다.' 라는 의미이다.

만약 $13'$ 이 있다면 이 기호의 의미는, 뒤의 $3'$ 가 그 앞의 1을 꾸며준다는 의미이다. 즉 $3'$ 가 형용사로서 그 앞의 명사 1을 수식한다는 의미이다. 이에 따라 아래 문장의 밑줄 친 부분을 그 앞 굵은 글씨를 꾸며주면 된다.

The girl kissed **the boy** <u>in the airport</u>.
그 소녀는 키스했다, 공항 안에 있는 그 소년에게.

$$\rightarrow\quad {}^1S_3{}^1\ {}^{3''}$$

만약 $13''$ 가 있다면 이 기호의 의미는, 뒤의 $3''$ 가 그 앞의 명사 1을 꾸미지 않고, 명사가 아닌 것을 꾸민다는 것을 의미한다. 이

에 따라 아래 문장에서는, 앞뒤의 1(명사)을 빼면 밑줄 친 부분은
굵은 글씨인 동사를 꾸밀 수밖에 없다.

The girl **kissed** the boy <u>in the airport</u>.
그 소녀는 공항 안에서 키스했다, 그 소년에게.

$$S_3^{\,4}$$

I remember <u>**what to do**</u>.
나는 기억하고 있다, 무엇을 해야 하는지를.

위 문장의 기본식은 $\overset{\cdot}{1}_1\ S_{3^1}\ W_2^{\,4}\ 4_3\ \underline{1}.$ 이다.

I don't know <u>how to ski</u>.
나는 모른다, 어떻게 스키 타는지를.

I don't know <u>where to swim</u>.
나는 모른다, 어디서 수영하는지를.

$$1S_3^{\,4}\,1$$

He decided <u>**to leave** Seoul</u>.
그는 결심했다, 서울을 떠날 것을.

185

위 문장의 단순식은 $^1S_3{}^4$ $^1\cdot$ 이다.

의문문

Do you want **to do** it?
당신은 원하나요, 그것을 하기를?

위 문장의 기본식은 ε $\overset{\dot{1}_2}{\underset{3^1}{\subset}}$ $^{4_3}\dot{1}\cdot$ 이다.

Do you know how **to make** the doll?
당신은 아나요, 어떻게 그 인형을 만드는 지를?

Do you plan **to learn** English?
당신은 계획인가요, 영어를 공부할?

주략문

$\underline{T}$ 나 $\underline{S}$ 는 주어가 생략되었음을 나타내는 기호이다.

Do not hesitate **to call** me at 02-123-4567.
망설이지 마세요, 나에게 전화하는 거를, 02 123 4567에.

위 문장의 기본식은 $\underset{\tilde{\varepsilon}3^1}{\underline{\subset}}$ $^{4_3}\dot{1}_1$ $3(\dot{3}_1{}^4$ $1^c)\cdot$ 이다.

$1\underset{3}{S}^{4\,2}$

Jane hope to be successful.
제인은 바란다, 성공하기를.

위 문장의 기본식은 $\underset{3^1}{\,_2 1 3^1\,}S^{\,4_2\,2}$ 이다.

$1\underset{3}{S}^{4\,3}$

I don't know <u>what to do now</u>.
나는 모른다, 지금 무엇을 해야 하는지를.

위 문장의 기본식은 $\overset{\,}{1}_1 \underset{\tilde{\varepsilon}3^1}{S}^{\,W_2^{\,4}\,4_3\,\dot{3}}$ 이다.

의문문

Don't forget **to switch** off the lights in the room.
잊지 마세요, 그 불들의 스위치를 *끄*는 거를, 그 방 안의.

위 문장의 기본식은 $\underset{\tilde{\varepsilon}3^1}{\underline{S}}^{\,4_3\,1(\mathring{3}_1{}^{52}\,\overline{2}\,1^{2b})\,3(\mathring{3}_1{}^{61}\,\overline{2}\,1^{b})}$ 이다.

to동사

to동사란 to파사(to쿰사) 만을 목적어로 취하는 동사이다. to동사에는 아래와 같은 것들이 있다.[25]

◐ afford to	여유가 있다	◐ mean to	의미하다
◐ agree to	동의하다	◐ need to	필요가 있다
◐ appear to	보이다	◐ offer to	제안하다
◐ arrange to	마련하다	◐ plan to	계획하다
◐ ask to	요청하다	◐ prepare to	준비하다
◐ claim to	주장하다	◐ pretend to	하는 체하다
◐ consent to	합의하다	◐ promise to	약속하다
◐ decide to	결정하다	◐ refuse to	거부하다
◐ demand to	요구하다	◐ seem to	보이다
◐ deserve to	할만하다	◐ tend to	경향이 있다
◐ expect to	기대하다	◐ threaten to	협박하다
◐ fail to	실패하다	◐ wait to	기다리다
◐ forget to	잊다	◐ want to	하고 싶다
◐ hesitate to	주저하다		
◐ hope to	바라다		
◐ intend to	의도가 있다		
◐ learn to	배우다		
◐ manage to	해내다		

I can't **afford to** buy a new car.
나는 살 여유가 없다, 새 차를.

위 문장의 기본식은 $\underset{\tilde{\Sigma}^3 3^1}{i_1 \mathsf{S} \quad 4_3 \, 1(\dot{2} \, 2 \, 1^{1b})}$ 이다.

---

25) 『영문법 클래식』 성경준 지음 서울 2007. 아키온, 176~177쪽.

I **wanted to** be helped by her.
나는 원했다, 그녀에게 도움받기를.

She doesn't **appear to** be dangerous.
그녀는 보이지 않는다, 위험하게.

How did you **arrange to** meet?
어떻게 당신은 마련했나요, 만날 것을.

We **plan to** open a new office near here.
우리는 열 계획이다 새 사무실을, 여기서 가까운 곳에.

ito동사

동사 뒤의 목적어로 to do 또는 ~ing 어느 것이 와도 되는 동사
가 있다. 이를 **ito동사**라고 한다.

1) 의미가 같은 경우

begin	like dislike	endure fear
start	love hate	omit continue

prefer	purpose	stand

2) 의미가 다른 경우

regret	remember forget	try stop

Jone forgot to write a letter to her.
존은 잊어버렸다, 그녀에게 편지 한 장 써야한다는 것을.

Jone forgot writing a letter to her.
존은 잊어버렸다, 그녀에게 편지 한 장 썼던 것을.

$$\mathsf{S}_3{}^5$$

Peter likes **swimming**.
피터는 좋아한다, 수영하는 것을.

위 문장의 단순식은 $^1\mathsf{S}_3{}^{5.}$ 이다.

This car needs **repairing**.
이 차는 필요하다, 고치는 것이.

위 문장의 기본식은 $1(_1\tilde{2}^1 \ 1_3{}^{1a}) \ \mathsf{S}_{3^1}{}^{5_1.}$ 이다.

$$^1\mathsf{S}_3{}^5{}^1$$

She enjoy **playing the guitar**.
그녀는 즐긴다, 기타 치는 것을.

위 문장의 기본식은 $_2\overset{\bullet}{1}_3 \underset{3^1}{\subset}$ $5_3\ 1(\overline{2}\ 1^{1b}).$ 이다.

He enjoyed **reading** the detective novel.
그는 좋아했다, 탐정소설 읽는 것을.

위 문장의 단순식은 $^1S_3{}^5\ {}^1\cdot$ 이다. 민물숫자 5에는 have가 없는 doing과 have가 있는 having done 이렇게 두 가지 형태가 있다. doing는 문장과 같은 시간이고, having done은 문장의 시간보다 이전 시간을 의미한다.

ing동사

ing동사란 ing파사(ing쿰사) 만을 목적어로 취하는 동사이다. ing 동사에는 아래와 같은 것들이 있다.

avoid admit	consider	deny	mind	postpone put off	quit
enjoy escape	finish	give up			

주의사항

Em denies having written the letter.
엠은 부인한다, 편지 썼던 일을.

위 문장의 기본식은 $_2 1_3{}^1 \underset{3^1}{\subset}$ $5_{3}{}^3\ 1(2\ 1^b).$ 이다.

Em denied having written the letter.
엠은 부인했다, 편지 썼던 일을.

위 문장의 기본식은 $_2 1_3{}^1 \ S \ {}_{3^2} \ 5_{3^3} \ 1(2 \ 1^b)$. 이다.

$$1 S_3{}^5 3$$

I forget getting drunk last night.
나는 잊었다, 어제 밤에 술 취했다는 것을.

위 문장의 기본식은 $\dot{1}_1 S \ {}_{3^1} \ 5_1{}^5 \ 3(2 \ 1^c)$. 이다. getting pp는 1^5 로 나타낸다.

$$S_3{}^8$$

I don't know who he is.
나는 모릅니다, 그가 누구인지.

위 문장의 기본식은 $\dot{1}_1 \ S \ {}_{\tilde{\varepsilon}3^1} \ \dot{8}_2{}^2 \ {}_1\dot{1}_3 \ Y \ {}_{2^1} \ 1.$ 이다.

I suppose ( ) you are right.
나는 생각합니다, 당신이 맞다고.

의문문

Do you know who she is?

당신은 아나요, 그녀가 누구인지를.

위 문장의 단순식은 $\varepsilon^i S_3{}^{8\ i} \gamma_2{}^?$ 이다.

Can you see what I'm saying?

당신 아나요, 내가 무엇을 이야기하고 있는 지를?

$$\dot{8}_2{}^4 \ \dot{i}_1 \qquad \gamma \quad {}^{5_3\ 1?} \atop 2_1{}^1$$

위 문장의 계층 민물식은 $\displaystyle {}^{\dot{i}_2}_{\Sigma^3} S {}^{8.}_{3^1}$ 이다. 계

층 민물식을 줄여 계층식이하고 한다. 계층식에서는 8의 자세한
내용을 8위에 따로 나타낸다.

T₃

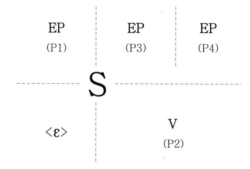

위 그림은 민다이어그램이다. T_4의 P3와 P4를 자리바꿈하면 약간의 변화를 동반하며 T_3이 된다. 이때 P4는 그냥 그대로 P3으로 이동하면 되지만, P3는 앞에 to, for, of 중 하나를 달고 뒤쪽 P4로 후퇴한다. 그래서 $T_3{}^{13}$이 만들어 지고, to무리, for무리, of무리가 만들어 지는 것이다.

1^1 to	1^2 for	1^3 of
1^4	1^5	1^5

$$\mathrm{T}_3{}^1$$

$$^1\mathrm{T}_3{}^1{}^3$$

1. to 무리

Please show that book to me.
저 책을 보여주십시오, 저에게.

위 문장의 기본식은 $\mathrm{T}\ {}^3_{\ 3^1}$ $\dot{1}(_2\tilde{2}\ 1^{1b})\ 3(\mathring{3}_1{}^1\ \mathring{1}_1)$. 이다. to무리에

는 아래와 같은 것들이 있다. for와 of가 아닌 것은 다 to이다.

give bring	lend	offer pay
teach	sell send	show read

2. for 무리

He bought a dress for me.
그는 샀다 드레스를 그녀를 위해.

위 문장의 기본식은 $_1\dot{1}_3\ S_{3^2}\ 1(\dot{2}\ 1^b)\ 3(\overset{\circ}{3}_1{}^2\ {}^3\dot{1}_1).$ 이다. for무리에는 아래와 같은 것들이 있다.

buy	call cook	get make
order	sing	find

3) of 무리

I asked a question of her.
나는 질문 하나했다, 그녀에게.

위 문장의 기본식은 $\dot{1}_1\ S_{3^2}\ 1(\dot{2}\ 1^c)\ 3(\overset{\circ}{3}_1{}^3\ {}_2\dot{1}_3).$ 이다. of무리에는 아래와 같은 것들이 있다.

ask	beg	inquire

제 5 편

$S_4{}^{11}$ 대통령이 나온 마을

아래와 같이 $S_4{}^{11}$ 에서 대통령 선출되어, 이 마을을 '대통령이 나온 마을' 이라 불리게 되었다.

They elected him President.
사람들은 선출했다, 그를 대통령으로.

위 문장의 단순식은 $^{1}S_4{}^{11.}$ 이다. 위 문장은 동사 바로 뒤에 두 개의 명사가 있는데, 첫 번째를 P3라고 하고 두 번째를 P4라고 한다. P3와 P4 사이에 be를 넣으면 의미상 $^{1}S_2{}^{1}$ 이 된다. 이것이 S_4의 공통된 특징이다.

Jone calls her **rose**.
존은 불렀다, 그녀를 장미라고.

위 문장의 기본식은 $_{1}1_3 \, S_{4^1} \, {}^{2^3}1_3 \, 1^a.$ 이다.

This should make them **a good clothes**.
이것은 만들어야 한다, 그것들을 하나의 좋은 옷으로.

위 문장의 기본식은 $_{1}\tilde{1} \, S_{\Sigma^2 4^2} \, {}^{3}\dot{1}_3{}^{2} \, 1(\overset{\cdot}{2} \, 2 \, 1^{2b}).$ 이다.

They made Obama President of the U.S.
그들은 만들었다, 오바마를 대통령으로, 미국의

의문문

엡실론을 주어 앞으로 넘기고 정리하면 된다.

Do they made Obama President of the U.S.?
그들은 만들었나요, 오바마를 미국 대통령으로?

위 문장의 기본식은 $\varepsilon \overset{\overset{\circ}{1}_3{}^2}{S}{}_{4^2} 1 1 3^a\ 1^a\ 3(\overset{\cdot}{3}_1{}^3\ \overline{2}\ 1^b)$. 이다.

수동문

They elected him President.
사람들은 선출했다, 그를 대통령으로.

위와 같은 $S_4{}^{11}$ 문장을 수동문장으로 만들 때는, P3과 P4를 중심으로 $S_2{}^{63}$ 문장을 만들면 된다.

He was elected President by them.
그는 선출되었다 대통령으로, 그들에 의해.

위 문장의 기본식은 $\overset{\overset{\circ}{1}\overset{\circ}{1}_3{}^1}{S}{}_{2^2}\ 6\ 1_3\ 3(\overset{\circ}{3}_3{}^2\ \overset{\circ}{1}_3{}^{2a})$. 이다.

$S_4{}^{12}$

$S_4{}^{12}$ 의 다른 이름은 **자유 마을**이다.

She set me **free**.
그녀는 놓았다, 내가 자유롭게.

위 문장의 단순식은 $^1S_4{}^1$ 2. 이다. 위 문장 역시 동사 뒤의 12사이에 be를 넣으면, $^1S_2{}^2$ 구조로 보인다는 특징이 있다.

Anna made me happy.
아나는 만들었다, 나를 행복하게.

위 문장의 기본식은 $$2^13 \, S \, \mathring{1}_1 \, 2. \atop 4^2$$ 이다.

We considered him **honest**.
우리는 여겼다, 그가 정직하다고.

위 문장의 기본식은 $$\mathring{1}_1{}^2 \, S \, 1^31_3 \, 2. \atop 4^2$$ 이다.

$$S_4{}^{13}$$

She made me in the room.
그녀는 만들었다, 내가 그 방에 있도록.

위 문장의 기본식은 $$2\mathring{1}3^1 \, S \, {}^3\mathring{1}_1{}^1 \, 3(3 \; \overline{2} \; 1_3{}^{1b}). \atop 4^2$$ 이다.

$S_4{}^{14}$

1. 개해 마을

$S_4{}^{14}$ 의 다른 이름은 **개해 마을**이다. 이 마을에는 **개나리**로 먹고 사는 개나리마을과 해파리로 먹고 사는 **해**파리마을이 있다. 개나리마을에서는 마을 이장을 **get**이라 부르고, 해파리마을에서는 마을 이장을 have라고 부른다. 그래서 사람들은 개나리마을을 달리 **get마을**이라 부르고, 해파리 마을을 달리 **have마을**이라고 부르곤 한다.

두 마을 주민들은 서로 사이가 좋지 않다. 개나리 마을에서는 해마다 투표를 하는데, 투표함에 to라고 쓴 종이를 넣어, to가 가장 많이 그려져 있는 주민이 이장이 되고, 해파리 마을에서는 투표함 자체가 없다. 그냥 나이가 가장 많은 분이 이장을 맡아 볼 뿐이다. 그런데 이상한 것은 해파리마을에서는 아직까지 이장이 바뀐 적이 없다는 것이다. 두 마을의 공통점은 다른 마을 주민들만 만나면 무언가 시키는 것을 좋아한다는 것이다.

2. get 마을

get마을의 대표적인 주민들은 아래와 같다.

advise	allow	believe
	ask	expect
like	need	permit
	order	persuade
remind	tell	want
	teach	wish

get마을은 아래 민다이어그램(민그림, Meen diagram)의 P4에 민물 숫자 4, 6이 오는 것을 좋아한다.

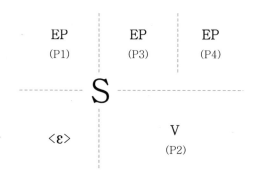

get마을 주민은 아래와 같다.26)

◑ advise	충고하다	◑ incite	자극하다
◑ allow	허락하다	◑ induce	권유하다
◑ ask	묻다 요구하다	◑ instruct	가르치다
◑ beg	간청하다	◑ intend	의도하다
◑ beseech	간청하다	◑ invite	요청하다
◑ bribe	매수하다	◑ know	알게하다
◑ cause	야기하다	◑ lend	빌려주다
◑ challenge	도전하다	◑ mean	의미하다
◑ command	하게하다	◑ oblige	하게하다
◑ compel	시키다	◑ permit	허락하다
◑ dare	감히~하다	◑ persuade	설득하다
◑ direct	향하다	◑ predispose	기울게 하다
◑ drive	몰다	◑ press	누르다
◑ empower	권력을 주다	◑ request	요구하다
◑ enable	힘을 주다	◑ require	요구하다

---

26)『뿌리영어 문법』정도상 지음 서울 2004. 언어과학, 137쪽.

❶ encourage	격려하다	❶ teach	가르치다
❶ entice	유혹하다	❶ tell	말하다
❶ entitle	명칭을 붙이다	❶ tempt	부추기다
❶ entreat	탄원하다	❶ urge	재촉하다
❶ expect	기대하다	❶ warn	경고하다

❶ forbid　　금하다
❶ force　　억지로 시키다
❶ help　　하게하다
❶ impel　　하게하다
❶ implore　　애원하다

❶ lead sb to believe　　누군가가 믿도록 이끌다
❶ give sb to understand　누군가가 알도록 하다

get마을과 have마을은 서로 사이가 좋지 않기 때문에 어떤 것의 이름도 달리 부르는 게 흔한 일이었다. 가령 get마을에서는 투표함에 to종이를 넣어 투표하기 때문에 부정사를 사용할 때도 그 앞에 to를 넣어 **to부정사**라고 하여야 직성이 풀렸다.

I don't want her to **know** about it.
나는 원하지 않는다, 그녀가 아는 것을, 그것에 대해.

위 문장의 기본식은 $\overset{1}{1}\,\underset{\tilde{\epsilon}4^1}{\subset}\,2\overset{\cdot}{1}_3\,4_1\,3(3_3{}^{52}\,\overset{\cdot}{1}).$ 이다.

3. have 마을

have마을 역시 민다이어그램의 P4에 민물숫자 4, 6이 오는 것을 좋아한다.

have마을에는 **have이장님**, 가수 비틀즈를 너무너무 좋아하여

Let it be라는 노래를 랩(rap)으로 부르고 다니는 **let할아버지**, 그리고 let할아버지를 속으로는 좋아하지만 겉으로 표현하지 못해 let할아버지를 괴롭히며 이것저것을 만들어 달라고 때를 쓰는 **make할머니**가 살고 있다.

그리고 비듬이 많은 **bid아주머니**가 있고 비듬아주머니에게 관심이 많아 늘 비듬 아주머니를 도와주는 것을 보람으로 여기는 **help아저씨**가 have마을의 주민이다.

have   let   make
bid   help

get마을과 have마을은 서로 사이가 좋지 않기 때문에 어떤 것의 이름도 달리 부르는 게 흔한 일이었다.

가령 have마을에서는 투표를 하지 않기 때문에 to종이를 넣어 투표하는 것을 무지 싫어했다. 그래서 부정사를 쓸 때도 그 앞에 to를 넣어 **to부정사**라고 하는 것을 금기시 했다. 대신 '그것은 완전 파이다.' 라는 의미로 to를 떼어내고, 파이부정사(ϕ부정사, ϕ파사)라고 부르며 사용했다.[27] 그리고 누군가에게 뭔가를 시켜야만 행복함을 느꼈다.

I will have her **wash** the table.
나는 하게 했다, 그녀가 그 테이블을 닦는 것을.

위 문장의 기본식은 $\overset{\mathring{1}_1}{} \underset{\Sigma^1 4^1}{S} {}_2\mathring{1}_3 \,\, \mathring{4}_3 \,\, 3(\overline{2}\;1^b).$ 이다.

---

27) '파이다' 라는 말은 '나쁘다' 라는 뜻의 경상도 말이다.

Tom made me do this.
탐은 하게 했다, 내가 그것을 하도록.

의문문

Can I help you plan the party?
제가, 당신이 파티 계획하는 거 도와줄까요?

위 문장의 기본식은 Σ^3 $\overset{\dot{1}_1}{\underset{4^1}{\Big\backslash}}$ $\dot{1}_2$ $\dot{4}_3$ $3(\overline{2}\ 1^c)$? 이다.

Will you have her **wash** the table?
당신은 하게 할 건가요, 그녀가 그 테이블을 닦는 것을?

위 문장의 기본식은 Σ^{11} $\overset{\dot{1}_2}{\underset{4}{\Big\backslash}}$ $_2\dot{1}_3$ $\dot{4}_3$ $3(\overline{2}\ 1^b)$? 이다.

수동문

She was had **to wash** the table.
그녀는 하게 되었다, 그 테이블을 닦는 것을.

위 문장의 기본식은 $\overset{_2\dot{1}_3}{\underset{2^2}{\Big\backslash}}$ $6\ 4_3\ 3(\overline{2}\ 1^b)$. 이다.

주략문

$\underline{T}$ 나 $\underline{S}$ 는 주어가 생략되었음을 나타내는 기호이다.

Let me **know** your phone number.
저에게 알려주세요, 당신의 전화번호를.

위 문장의 기본식은 $\underset{4^1}{\underline{S}}\ \overset{.}{1}_1\ \overset{..}{4}_3\ 1(2_2\ 1^b\ 1^c).$ 이다.

4. 느낌 마을

have마을 옆에는 느낌마을(feel마을)이 있다.

> see, watch
> here
> smell
> feel, notice

이곳 주민들은 have마을과 친하게 지내지만 약간 다른 점도 있다. 느낌마을은 민다이어그램의 P4에 민물숫자 1, 2, 4, 5, 6 이 오는 것을 좋아한다.

He saw her close the window.
그는 보았다, 그녀가 창문을 닫는 거를.

위 문장의 기본식은 $\overset{1}{\underset{4^2}{\overset{.}{1}_3\ \underline{S}}}\ {}_2\overset{.}{1}_3\ \overset{..}{4}_3\ 1(\overline{2}\ 1^b).$ 이다. 느낌마을 역시 to를 싫어하고 파이부정사(ϕ부정사, ϕ파사)를 좋아한다.

She was seen to close the window.
그녀는 보여 졌다, 창문을 닫는 것이.

위 문장의 기본식은 $_2\overset{\bullet}{1}_3 \, S_{2^2} \, 6 \, 4_3 \, 1(\overline{2} \, 1^b)$. 이다.

5. 확신 마을

We considered him **to be** honest.
우리는 확신했다, 그가 정직하다고.

위 문장에서 to be를 생략할 수 있다. to be를 생략하면 S_4^2 문장이 된다.

$$S_4{}^{15}$$

I heard Jane **speaking**.
나는 들었다, 제인이 말하고 있는 것을.

위 문장의 기본식은 $\overset{\bullet}{1}_1 \, S_{4^1} \, 2_1 3 \, 5_1$. 이다.

I saw Anna closing the window.
나는 보았다, 아나가 창문을 닫고 있는 것을.

위 문장의 기본식은 $\dot{1}_1$ S$_{4^2}$ $_2$13^1 5$_3$ 1($\overline{2}$ 1^b). 이다.

의문문

엡실론을 주어 앞으로 넘기고 정리하면 된다.

Do you saw Anna closing the window?
당신은 보았나요, 아나가 창문을 닫고 있는 것을?

위 문장의 기본식은 ε $\dot{1}_2$ S$_{4^2}$ $_2$13^1 5$_3$ 1($\overline{21}$^{b})? 이다.

수동문

Anna was seen closing the window.
아나는 보여 졌다, 창문을 닫고 있는 것이.

위 문장의 기본식은 $_2\dot{1}3^1$ S$_{2^2}$ 6 5$_3$ 1($\overline{2}$ 1^b). 이다.

1 S$_4$ ^{15} 1

I remember **his seeing** this photo.
나는 기억한다, 그가 이 사진을 본 것을.

위 문장의 기본식은 $\overset{\mathring{1}_1}{\underset{4^1}{\mathsf{S}}}\,{}_{12}3\ 5_3\ 1({}_1\tilde{2}\ 1^b).$ 이다.

의문문

Do you remember **his seeing** this photo?
당신은 기억하나요, 그가 이 사진을 본 것을?

위 문장의 기본식은 $\varepsilon\ \overset{\mathring{1}_2}{\underset{4^1}{\mathsf{S}}}\,{}_{12}3\ 5_3\ 1({}_1\tilde{2}\ 1^b)?$ 이다.

$1\underset{4}{\mathsf{S}}^{15}3$

I heard Jane **speaking** in public.
나는 들었다, 제인이 말하고 있는 것을, 대중 속에서.

위 문장의 기본식은 $\overset{\mathring{1}_1}{\underset{4^1}{\mathsf{S}}}\,{}_2 1 3^1\ 5_1\ 3(\mathring{3}{}_1{}^6\ 1^a).$ 이다. 전치사 in 을 기호로 나타내면 $\mathring{3}{}_1{}^6$ 이다. 전치사에 대한 더 많은 이야기는 255쪽에 있다.

I can't have him **going** to the house.
나는 하게 할 수 없다, 그가 가는 것을, 그 집에.

$S_4{}^{16}$

Anna had her hair **cut**.
아나는 하게 했다, 그녀의 머리카락이 잘려지도록.

위 문장의 기본식은 $_2 1_3 \; S_4{}^2 \; 1(_2 2_3 \; 1^a) \; 6.$ 이다.

He want the work **finished** by 6 o'clock.
그는 원합니다, 그 일이 끝내지기를, 6시까지.

I had my phone **stolen**.
나는 있었다, 내 폰을 잃어버리게 한 적이.

She had her TV **mended**.
그녀는 있었다, 그녀의 TV를 수리시킨 적이.

$S_4{}^{17}$

I heard a key being turned in a lock.
나는 들었다, 하나의 키가 돌려지는 것을, 하나의 자물쇠 안에서.

위 문장의 기본식은 $\mathring{1}_1 \; S_4{}^2 \; 1(\mathring{2} \; 1^b) \; 7 \; 3(\mathring{3}_1{}^6 \; \mathring{2} \; 1^b).$ 이다.

T$_4$

T$_4$는 제4동사 뒤의 P3과 P4가 의미상 S$_2$문장이 되지 않는 것들이다.

T$_4^{11}$ 기부왕이 사는 마을

이곳은, 전 세계에서 가장 많은 기부를 하는 사람들이 모여 산다는 마을, 일명 **기부왕 마을**이다.

Anna gave him a book.
아나는 주었다, 그에게 책을.

위 문장의 단순식은 ^{1}T$_4^{11.}$ 이다.

의문문

Can you do me a favor?
당신, 제 부탁을 들어 줄 수 있나요?

위 문장의 기본식은 $\Sigma^3 \ \overset{\overset{\mathbf{i}_2}{}}{\underset{4^1}{T}} \ \overset{\mathbf{i}_3}{} 1(\dot{2} \ 1^c).$ 이다.

Can I buy you a coffee?
제가 커피 사 드릴까요?

Can I get you a drink?
제가 마실 것을 가져다 드릴까요?

위 문장의 단순식은 $_\Sigma{}^1 T_4{}^{11?}$ 이다.

Can you get me a pen?
당신, 저에게 펜 하나 갔다 줄 수 있나요?

위 문장의 압축식은 $\Sigma^3 \ \overset{\overset{\mathbf{i}_2}{}}{\underset{4^1}{T}} \ \overset{\mathbf{i}_1}{} 1^{1b}{}_{.2} \ ?$ 이다. 압축식은 괄호의 내용을 숫자에 반영한 다음, 글자 수를 숫자 오른쪽 아래의 점 뒤에 기입한 식이다. 압축식을 달리 속기식 또는 요약식이라고 한다.

1. give 무리

Anna handed me the letter.
아나는 건네주었다, 나에게 그 편지를.

위 문장의 기본식은 $\overset{\overset{\mathbf{i}_2{}^1}{}}{\underset{4^2}{T}} \ \overset{\mathbf{i}_1}{} 1(\overline{2} \ 1^{1b}).$ 이다.

She gave the cat a hard kick.
그녀는 주었다, 그 고양이에게 센 발길질을.

give 무리에는 아래와 같은 동사들이 있다.

buy	lend make	pass send
show	tell	write recommend
bring	offer promise	owe ask

Please give me **some advice.**
저에게 주십시오, 약간의 충고를.

Tell me **the truth.**
저에게 말해주세요, 그 사실을.

의문문

Did you buy him **a book?**
당신은 사주었나요, 그에게 한 권의 책을?

위 문장의 압축식은 $\varepsilon \quad \overset{\dot{1}_2}{\underset{4^2}{T}} {}_1\dot{1}_3\ 1^{1b}{}_{.2}\ ?$ 이다.

2. envy 무리

envy무리는 오직 $T_4{}^{11}$에만 쓰이는 동사이다. S_3으로 바꿀 수 없다.

I envy you **your money.**
나는 부럽다, 너와 너의 돈이.

envy무리에는 아래와 같은 동사들이 있다.[28]

envy	charge cost	save forget
take	last	grudge forgive

$$\text{T}_4{}^{14}$$

The teacher warned me **not to be** late.
그 선생님은 나에게 경고해 주었다, 늦지 말라고.

위 문장의 기본식은 $\overset{1(\overline{2}1_3{}^a)}{\text{T}}{}_{4^2}{}^{1\ 4_2\ 2.}$ 이다.

의문문

Can you tell me how to get to the subway station?
당신, 나에게 말해줄 수 있나요, 어떻게 그 지하철역에 갈 수 있는지?

위 문장의 기본식은 $\Sigma^3\ \overset{\dot{1}_2}{\text{T}}{}_{4^1}{}^{\dot{1}_1\ w_1{}^{32}\ 4_1\ 3^b{}_.4?}$ 이다.

---

28) 『뿌리영어 문법』 정도상 지음 서울 2004. 언어과학, 126~127쪽.

$T_4{}^{18}$

Lisa told me that health is most important.
리사가 나에게 말했어요, 건강이 가장 중요하다고.

위 문장의 단순식은 $^1T_4{}^{18}$ 이다. 위 문장에서 that을 생략할 수 있는데, that을 생략하면 아래와 같이 된다.

Lisa told me health is most important.
리사가 나에게 말했어요, 건강이 가장 중요하다고.

위 문장의 계층식은 $_2 1 3^1\ T_{4^2}{}^{3} \overset{\dot{}}{1}_1\ 8.\ \overset{\underset{\underline{8}_1{}^1\ 1 3^c}{\displaystyle \curlyvee_{2 3^1}}}{}\ \overset{2(\dot{3}\ 2)}{}$ 이다.

Can you tell me where the concert is?
당신, 나에게 말해줄 수 있나요, 어디에서 콘서트가 있는지를?

위 문장의 계층식은 $_{\Sigma^3} \overset{\overset{\dot{}}{1}_2}{} T_{4^1}\ \overset{\dot{}}{1}_1\ 8.\ \overset{\underset{\dot{8}_1{}^{22}\ 1(\overline{2}\ 1^c)}{\displaystyle \curlyvee_{2^1}}}{}\ ?$ 이다. 파생절 8 의 자세한 내용을 8 위에 올려 계층으로 나타내었다.

Can you tell me when the movie starts?
당신, 나에게 말해줄 수 있나요, 그 영화가 언제 시작하는지?

$$\dot{8}_1{}^{21}\ 1(\overline{2}\ 1^b)\quad Y\ {}_1{}^1\quad ?$$

위 문장의 계층식은 $\sum^3\ {}^{\dot{i}_2}T_4{}^1\ {}^{\dot{i}_1}\ 8.$ 이다.

주략문

$\underline{T}$ 나 $\underline{S}$ 는 주어가 생략되었음을 나타내는 기호이다.

Ask me if you have any questions.
물어 보세요 나에게, 당신이 어떤 질문이 있으면.

위 문장의 기본식은 $\underline{T}_4{}^1\ {}^{3}\dot{i}_1\ f\ \dot{i}_2\ \underline{S}_3{}^1\ 1(2\ 1^{2c}).$ 이다. f는 if 를 나타내는 기호이다.

Tell me **what it is**.
나에게 말해주세요, 무엇이 그것 인지.

Tell me **why not to go there**.
나에게 말해주세요, 왜 거기에 가지 않는지를.

위 문장의 기본식은 $\underline{T}_4{}^1\ {}^{3}\dot{i}_1\ W_1{}^{31}\ \tilde{4}_1\ \dot{3}.$ 이다.

제 6 편

용어
설명

중요문자

S

S

S에는 두 가지 의미가 있다. 첫째, 모든 문장을 대표하는 기호이다. 둘째, S_1, S_2, S_3, S_4 중 어느 하나를 의미한다. S를 달리 /로 표시할 수 있다.

S_1	S_2
S_3	S_4

S_1

S_1은 제1동사가 있는 문장이다. 제1동사는 자동사 중 be동사가 아닌 모든 동사를 이르는 말이다. S_1을 달리 표시하면 $/_1$ 이 된다.

S_2

S_2는 제2동사가 있는 문장이다. 제2동사는 자동사 중 be동사를 일컫는 말이다. S_2를 달리 표시하면 $/_2$ 가 된다.

S₃

S₃은 제3동사가 있는 문장이다. 제3동사는 타동사 중 d 동사가
아닌 모든 동사를 이르는 말이다. d 동사란 타동사 뒤의 말인 P3
과 그 뒤의 말인 P4 사이에, be동사를 넣으면 의미상 S₂ 가 되도
록 하는 동사이다. d 동사는 저자가 만든 용어이다. S₃을 달리 /₃
으로 표시할 수 있다.

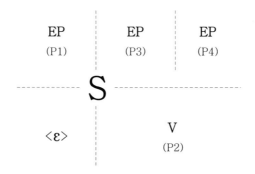

S₄

S₄는 제4동사가 있는 문장이다. 제4동사는 타동사 중 d 동사를
일컫는 말이다. d 동사란 타동사 뒤의 말인 P3과 그 뒤의 말인
P4 사이에, be동사를 넣으면 의미상 S₂ 가 되도록 하는 동사이다.
S₄를 달리 /₄ 로 표시할 수 있다.

Sᵃ

Sᵃ 는 '기표성 측면에서 보면' 이라는 의미이다. Sᵃ 는 '에스 앙
티' 또는 '에스 에이' 라고 읽는다. Sᵃ 의 오른쪽 어깨에 있는 a(에
이)는   anty(앙티)의   머리글자이다.   앙티(anty)는   시니피앙티
(signifianty)를 줄인 말이다.

시니피앙티는 프랑스어 시니피앙(記標, signifiant)에 y를 붙여 저자
가 만든 말이다. 시니피앙티(signifianty)란 그 드러난 세계를 의미
하는 말이다. 언어에서의 드러남은 **말**과 **글** 그리고 **짓** 이다. 짓에

는 몸짓, 손짓, 발짓 등이 있다.

그 드러남이 규칙적일 때 이를 '앙티하다, 기표성이 있다'고 한다. 시니피앙티(signifianty)를 한자로는 기표성(記標性)이라고 한다.

I'm **telling** the truth.
나는 말하고 있어요, 그 사실을.

위 문장의 간단한 민물식은 $^1S^a_2{}^{51}$ 이다. S^a는 있는 그대로를 기술하는 것이다. 이러한 민물식을 a민물식 또는 앙티식(앙티 민물식)이라 한다. 반면 S^e는 생긴 모양이 아닌 의미를 기술하는 것이다.

S^e

S^e는 '기의성 측면에서 보면'이라는 의미이다. S^e는 '에스 에티' 또는 '에스 이'라고 읽는다. S^e의 오른쪽 어깨에 있는 e(이, 에)는 éty(에티)의 머리글자이다. éty(에티)는 시니피에티(signifiéty, 記意性)를 줄인 말이다.

시니피에티는 프랑스어 시니피에(signifié)에 ty를 붙여 저자가 만든 말이다. 시니피에티는 의미된 세계를 의미하는 말이다.

그 의미됨이 받아들여질 때 이를 '에티하다, 기의성이 있다'고 한다. 이러한 민물식을 e민물식 또는 에티식(에티 민물식)이라 한다. 시니피에티(signifiéty)를 한자로는 기표성(記意性)이라고 한다.

He married young.
그는 결혼했다, 젊어서.

위 문장의 앙티식은 $^1S^a_1{}^{2.}$ 이고, 에티식은 $^1S^e_1{}^{3.}$ 이다. S^a는 있는 그대로 기술하는 것이고, S^e는 의미에 따라 기술하는 것이다. 앙티식은 앙티민물식의 줄임말이고, 에티식은 에티민물식의 줄임

말이다.

S′

S′ 는 기본문을 의미한다. 문장은 기본문을 기준으로 기본문과 기본문이 아닌 번외문으로 나눌 수 있는데, 기본문을 S'라고 표시하고 번외문을 T라고 표시하면 S ← S′, T 가 된다.

제2동사인 be동사가 있는 모든 문장은 S_2이다. 이 중 there와 it으로 시작하는 문장은 번외문이고 그 나머지는 기본문이다.

$\tilde{S}$

~는 not을 의미한다. 이 책에서의 $\tilde{S}$는 번외문인 T문장을 의미한다.

There is a man in the house.
한 남자가 그 집안에 있다.

위 문장을 민물식(LFM, the Language Formula of MeenMool)으로 나타내면 $^1\tilde{S}_2{}^{13.}$ 이 된다. 이 식을 T를 이용하여 $^1T_2{}^{13.}$ 라고 달리 나타낼 수 있다.

$\check{S}$

어떤 문자 위의 v 또는 * 표시는 올바르지 않음을 의미한다. 따라서 $\check{S}$는 올바르지 않은 문장을 의미한다.

I is a boy.

위 문장의 기본식은 $\overset{\bullet}{1}{}_1{}^1 \overset{\check{}}{S}{}_{2_3}{}^{1/1} \; 1(\overset{\bullet}{2}\,{}_11_3{}^{1a}).$ 이다. 위 문장은

주어의 인칭 1과 be동사의 인칭 3이 일치하지 않아 틀린 문장이
되었다.

S̲

숫자나 문자 아래의 밑줄은 생략, 이동, 자리값 등을 의미하는
데, S̲는 주어가 생략되었음을 의미한다.

Do what I say.
하세요, 내가 말하는 대로.

위 문장의 기본식은 $\underline{}\,_{3^1}$ $^{\dot{8}_2{}^4}\dot{i}_1\,\mathsf{Y}\;_{3^1}$ $\underline{1.}$ 이고, 단순식은 $S̲_3{}^{8.}$
이다.

T

T

T는 번외문을 의미한다. 문장은 기본문을 기준으로 기본문과 번
외문으로 나눌 수 있다. 기본문을 S'라고 하고, 번외문을 T라고
하면 S ← S', T 가 된다.

Tᵃ

Tᵃ 는 '기표성 측면에서 보면' 이라는 의미이다. Tᵃ 는 '티 앙티'
또는 '티 에이' 라고 읽는다.

T^a 의 내용은 219~220쪽에 있는, S^a 의 내용과 같다.

T^e

T^e 는 '기표성 측면에서 보면' 이라는 의미이다. T^e 는 '티 에티' 또는 '티 이' 라고 읽는다.

T^e 의 내용은 220쪽에 있는, S^e 의 내용과 같다.

$\tilde{T}$

$\tilde{T}$ 는 T 아닌 문장 즉 S 문장을 의미한다.

Tom is in the house.
탐은 그 집안에 있다.

S를 이용한 위 문장의 단순식은 $^1S_2^{3.}$ 이고, T를 이용한 단순식은 $^1\tilde{T}_2^{3.}$ 이다. 하지만 S를 이용하는 것을 원칙으로 하고, 부득이 사용하여야 할 경우에만 $\tilde{T}$ 를 사용하기로 한다.

$\check{T}$

문자 위의 v 또는 * 표시는 올바르지 않음을 의미한다. 따라서 $\check{T}$ 는 올바르지 않은 문장을 의미한다.

There are a boy.

위 문장의 기본식은 $^{\bar{1}}\check{T}_{2^1} 1(\dot{2}\,_1 1_3{}^{1a})$. 이다. 위 문장은 be동사 are와 a boy의 수가 일치하지 않아 틀린 문장이 되었다.

F

F 는 기본동사를 나타내는 기호이다. 기본동사에는 1형부터 4형까지 있다. 기본동사 1형은 F^1, 2형은 F^2, 3형은 F^3, 4형은 F^4로 나타낸다.

G

G 는 확장동사를 나타내는 기호이다. 확장동사에도 1형부터 4형까지 있다. 확장동사 1형은 G^1, 2형은 G^2, 3형은 G^3, 4형은 G^4로 나타낸다.

확장동사는 1차조동사를 포함하는 동사이다. 1차조동사에 대한 더 많은 내용은 212쪽의 Σ(시그마)에서 확인할 수 있다.

v

v는 언어식을 함수식이나 방정식 등으로 나타낼 때 쓰는 기호이다. 이와 같은 식에서 v 는 P2 대신 쓸 수 있다.

x

x와 y는 언어식을 함수식이나 방정식 등으로 나타낼 때 쓰는 기호이다. 이와 같은 식에서 x 는 P3과 P4 대신 쓸 수 있다. 함수식은 다음과 같다.

$$S = {}^y S_v{}^x$$

$$f(y, v, x) = {}^y S_v{}^x$$

y

x와 y는 언어식을 함수식이나 방정식 등으로 나타낼 때 쓰는 기호이다. 이와 같은 식에서 y 는 P1 대신 쓸 수 있다.

기타문자

C

파생절을 나타낼 때, 감마(γ) 대신 쓸 수 있는 기호이다.

That's **what** I want.
그것이 제가 원하는 겁니다.

위 문장의 단순식은 $^1S_2^{8.}$ 이고, 계층식은 아래와 같다.

$$\dot{8}_2{}^4 \; \dot{1}_1 \; \mathbf{C} \; {}_{3^1}\underline{1}$$

$$_2\tilde{1} \; S \; {}_{2^1}{}^{8.}$$

f

if절에서는 파대표 if를 나타내고, 함수식에서는 함수를 나타낸다.

I'm **calling** to see if I can come over.
제가 전화했습니다, 내가 그쪽으로 가도 되는지 보려고.

위 문장의 기본식은 $\dot{1}_1 \; S \; {}_{2^1}{}^{5_1} \; 4_3 \; f \; \dot{1}_1 \; \gamma \; {}_{\Sigma^31^1}\dot{3}.$ 이다.

h

다음 페이지의 W_1 중 how를 나타내는 기호이다.

L

L은 두 가지 경우에 쓰이는 기호이다. 1) SL의 민물숫자가 SR로 이동한 경우 2) SR 중, 왼쪽의 내용이 오른쪽으로 이동하였음을 나타내는 경우이다.

1. SL의 민물숫자가 SR로 이동한 예

It's not **true** <u>that she is a writer</u>.
그것은 사실이 아니다, 그녀가 작가라는 것은.

위 문장의 기본식은 $^i\underset{\tilde{2}^1}{\mathsf{S}}{}^2\;\mathsf{L}\;\dot{8}_1{}^1\;{}_2\dot{1}_3\;\underset{2^1}{\mathsf{Y}}\;1(2\;1^{1a})$. 이다.

2. SR 왼쪽의 내용이 오른쪽으로 이동한 예

Tom believes it true ⌐that Anna is honest⌐.
탐은 믿는다, 그것이 사실이라고, 아나가 정직하다는 것이.

위 문장의 기본식은 $_1{}1_3{}^1\underset{4^1}{\mathsf{S}}{}^i\,{}^1\,{}^2\;\mathsf{L}\;\dot{8}_1{}^1\;{}_2\dot{1}_3{}^1\;\underset{2^1}{\mathsf{Y}}\;2$. 이다.

위 문장은 보통 문어(文語, 글말, written language)에서 쓰이고 구어(口語, 입말, spoken language)에서는 보다 쉽게 알아들을 수 있는 아래와 같은 형태가 쓰인다.

Tom believes (that) it's true ⌐that Anna is honest⌐.

P

아래와 같은 그림을 민다이어그램(민그림, Meen diagram)이라고 한다.

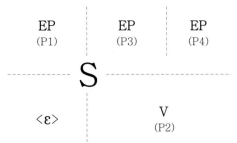

| EP
(P1) | EP
(P3) | EP
(P4) |

위 그림에서 왼쪽 아래를 P0 라 하고 왼쪽 위를 P1 이라 하고, 오른쪽 아래를 P2 라 하고, 오른쪽 위를 둘로 나눈 다음 왼쪽을 P3 오른쪽을 P4 라고 한다.

W

W_1과 W_2를 함께 이르는 말이다. W가 파생절의 파대표로 쓰이면 이를 달리 8 로 나타낼 수 있다.

W_1

아래 그림에 있는 낱말들을 일컫는 말이다. 이를 달리 W_a 라고 한다.

a^1 that	a^2 when where	a^3 why how
a^5 목이좋은	a^6 시기	a^4 if whether

W₂

아래 그림에 있는 낱말들을 일컫는 말이다. 이를 달리 W_β 라고 한다.

β^1 that	β^2 who	β^3 which
		β^4 what

$W_1{}^{21}$

W_a의 when을 나타내는 기호이다.

$W_1{}^{22}$

W_a의 where를 나타내는 기호이다.

$W_1{}^{31}$

W_a의 why를 나타내는 기호이다.

$W_1{}^{32}$

W_a의 how를 나타내는 기호이다.

W₁⁴¹

W_α의 if를 나타내는 기호이다. 이를 달리 f라고 할 수도 있다.

W₁⁴²

W_α의 whether를 나타내는 기호이다.

W₂²

W_β의 who를 나타내는 기호이다.

W₂³

W_β의 which를 나타내는 기호이다.

W₂⁴

W_β의 what을 나타내는 기호이다.

Ш

낱말식을 나타내는 기호이다.

ambitious = amb + it + ous

amb는 around라는 의미이고, it은 가다라는 의미이고, ous는 형용사를 만드는 접미사이다.

$$^2 \underset{1}{\text{Ш}} \, ^{\dot 3} \, ^2$$

위와 같은 식을, 민물의 낱말식(Meenmool's word formula)이라 고 한다. 위 그림에서 Ш는 낱말식을 의미하는 기호이다. Ш는 word의 맨 앞 글자를 가져와 만든 것이다. 낱말기호 Ш 왼쪽은 품사의 세계이다. Ш 오른쪽은 민그림에서와 같이 위쪽은 민물숫 자를, 아래쪽은 동사숫자(큐브숫자)를 의미한다. 숫자 아래 밑줄(_) 은 '품사를 만드는 말' 이라는 의미이다.

Ɛ

Ɛ 는 엡실론이라고 읽는다. 엡실론은 모듬동사(또는 동사구) 중 맨 앞의 낱말을 일컫는 말이다. 모듬동사는 하나 이상의 낱말로 이루 어진 동사를 이르는 말이다. 동사 하나로 이루어진 홀로동사는 그 낱말이 엡실론이 된다.

엡실론에는 Ɛ1, Ɛ2, Ɛ3 이렇게 세 가지가 있다. Ɛ1은 제타(ζ) 동사 앞에서 잠자고 있는 do, does, did 이다. 이를 달리 '잠자는 엡실론(SƐ, Sleeping Ɛ)' 이라고 한다. Ɛ2는 be동사이다. 이를 달리 '비 엡실론(BƐ, Be Ɛ)' 이라고 한다. Ɛ3은 1차조동사이다. 이를 달 리 '시그마 엡실론(ΣƐ)' 이라고 한다. 민물식에서는 Ɛ1, Ɛ2, Ɛ3 이라고 하거나 SƐ, BƐ, ΣƐ 라고 하거나 S, B, Σ 라고 할 수 있다. 그리고 S와 B는 동사숫자에 따라 구별 가능하기 때문에 그냥 Ɛ이 라고 하여도 된다.

엡실론은 한 문장에서 핵심이 되는 말이다. 그 이유는 엡실론의 많은 기능 때문이다. 엡실론의 기능 중 일부는 다음과 같다. 1) 문장의 시간을 결정한다. 2) 그 앞에 풀이되는 말이 올 것을 요구 한다. 풀이되는 말을 풀되말 이라고 하고, 이를 달리 주어라고 한다. 3) 엡실론이 주어 앞으로 나가면 의문문이 된다. 4) 엡실론 뒤에 not을 놓으면 부정문을 만든다. 5) not을 데리고 주어 앞으로 넘어가면 부정의문문이 된다. 6) 파생절에서는 파생절의 맨 앞에 파대표가 있을 것을 요구한다. 7) 파생절에서 엡실론이 문장 밖으로 나올 때는, 즉 문장으로부터 이탈할 때는 그 앞의 주어와 파대표를 데리고 탈락한다.

Σ

Σ(큰 시그마)는 조동사를 나타내는 기호이다. 조동사에는 1차, 2차, 3차 조동사가 있다. 이를 Σ_1, Σ_2, Σ_3 이라고 한다. 별 문제가 없는 곳에서는 Σ_1을 간단히 Σ 라고 할 수 있다.

Σ_1(시그마 일, 1차조동사)에는 아래와 같은 것들이 있다. Σ는 그리스어 알파벳 중, 대문자 시그마에서 가져왔다.

$\Sigma_1{}^1$ will would	$\Sigma_1{}^2$ shall should	$\Sigma_1{}^3$ can could
$\Sigma_1{}^4$ may might	$\Sigma_1{}^5$ must must	

1차 조동사가 과비(過非, 과거 아닌 것)인지 과거(過去)인지는 <u>조동사 뒤의 큐브숫자</u>(동사숫자)를 통해 나타낸다. 홀수가 과비이고, 짝수가 과거이다.

If I **was** you, I **would** **fly** to you.
내가 너라면, 너에게 날아갈 거 같다.

위 문장의 기본식은 $^f\dot{1}_1\ Y_2^2\ \dot{1}_2,\ \dot{1}_1\ S_{\Sigma_1{}^1 1^2}\ 3(\mathring{3}\ \dot{1}_2).$ 이다. 시

그마(Σ)를 달리 $^f\dot{1}_1\ Y_2^2\ \dot{1}_2,\ \dot{1}_1\ S_{\Sigma^{12}1}\ 3(\mathring{3}\ \dot{1}_2).$ 라고 할 수도 있

다. 시그마 오른쪽 아래에 1이 오면 생략할 수 있다.

If I had been you, I would have flied to you.
내가 너였다면, 너에게 날아갔을 거 같다.

위 문장의 기본식은 $^f\dot{1}_1\ Y_2^4\ \dot{1}_2,\ \dot{1}_1\ S_{\Sigma^1 1^4}\ 3(\mathring{3}\ \dot{1}_2).$ 이다. 위

기본식에서 시그마(Σ)를 달리 $^f\dot{1}_1\ Y_2^4\ \dot{1}_2,\ \dot{1}_1\ S_{\Sigma^{14}1}\ 3(\mathring{3}\ \dot{1}_2).$ 라

고 할 수도 있다.

σ

σ(작은 시그마)는 2차 조동사를 의미하는 기호이다. 이를 달리 Σ_2(시그마 이, 시그마 투)라고 할 수 있다. 2차 조동사에는 have to, would like to, had better 등이 있다. σ는 그리스어 알파벳 중, 소문자 시그마에서 가져왔다.

$\mathring{\sigma}$

3차 조동사를 의미하는 기호이다. 시그마 제로라고 읽는다. 이를 달리 Σ_3(시그마 삼, 시그마 쓰리)라고 할 수 있다. 3차 조동사란 임시 조동사를 의미하는 것으로, 어떤 말을 조동사 취급하는 것이다.

ω

오메가(ω)는 모듬동사 중 엡실론(ε)을 뺀 나머지를 이르는 말이다.

λ

λ(람다)는 다음 세 가지를 한꺼번에 일컫는 말이다.

1) λ_1의 **주격**과 **목적격**

　－ λ_1은 아래 그림의 낱말들을 모두 이르는 말이다.

	α^2 when where	α^3 why how			β^2 who	β^3 which
						β^4 what

2) λever

　－ λever는 λ_2 뒤에 ever가 와서 만들어진 낱말들이다.

　－ λ_2는 λ_1에서 why를 뺀 나머지를 이르는 말이다.

3) λ that

　－ λ that은 1)과 2)의 말들을 대신하여 쓰이는 that이다.

λ(람다)**이동**이란 뒤에 있던 λ(람다)가 구나 절의 맨 앞으로 이동하는 현상을 일컫는 말이다.[29]

---

29) 『뿌리영어 문법』 정도상 지음, 서울 2004. 언어과학, 67~71.

큐브숫자

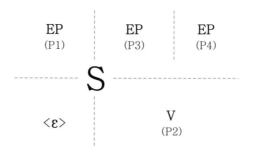

위 그림을 민다이어그램(민그림, Meen diagram)이라고 한다. 민물식은 민다이어그램을 바탕으로 한다. 큐브숫자(동사숫자)는 민다이어그램의 S기호 오른쪽 아래에 오는 1~4까지의 숫자이다.

S$_1$

S$_1$은 제1동사가 있는 문장이다. 제1동사는 자동사 중 be동사 아닌 모든 동사를 이르는 말이다.

S$_{1_1}$

1인칭을 의미한다. 다른 언어와의 비교 등을 위해 준비하였다.

S$_{1_2}$

2인칭을 의미한다. 다른 언어와의 비교 등을 위해 준비하였다.

S_{1_3}

3인칭을 의미한다. 다른 언어와의 비교 등을 위해 준비하였다.

S_{1^0}

1동사의 원형을 나타내는 기호이다. 영어에서는, 어떤 동사가 되었든 원형을 포함한 다섯 가지의 모습을 가지고 있다. 가령 go는 아래와 같은 5가지 모습을 가지고 있다.

형	생김새
원형	go
1형	go
2형	went
3형	have gone
4형	had gone

S_{1^1}

1동사 1형을 나타내는 기호이다. 1동사의 단수와 복수는 $1^{1/1}$, $1^{1/2}$ 로 나타낸다. 별 문제가 안 되면 단수 또는 복수는 생략할 수 있다. 이는 1형~4형까지 동일하게 적용된다.

S_{1^2}

1동사 2형을 나타내는 기호이다.

S_{1^3}

1동사 3형을 나타내는 기호이다.

S_{1^4}

1동사 4형을 나타내는 기호이다.

S_2

S_2는 제2동사가 있는 문장이다. 제2동사는 be동사이다.

S_{2_1}

1인칭을 의미한다.

S_{2_2}

2인칭을 의미한다.

S_{2_3}

3인칭을 의미한다.

Tom is **taller** than me.
탐은 더 크다, 나보다.

위 문장의 기본식은 $_1 1_3{}^1 S_{2_3{}^{1/1}} 2\ 3(\overset{\circ}{3}\ \overset{\circ}{1}_1).$ 이다.

S_{2^0}

원형 be를 의미한다.

S_{2^1}

2동사 1형을 나타내는 기호이다. 영어에서는, 어떤 동사가 되었든 원형을 포함한 다섯 가지 모습을 가지고 있다. 가령 be는 다음과 같은 5가지 모습을 가지고 있다.

형	생김새
원형	be
1형	am / are / is
2형	was / were
3형	have been
4형	had been

S_{2^2}

2동사 2형을 의미한다. 2동사의 단수와 복수는 $2^{1/1}$, $2^{1/2}$ 로 나타낸다. 별 문제가 안 되면 단수 또는 복수는 생략할 수 있다. 이는 1형~4형까지 동일하게 적용된다.

S_{2^3}

2동사 3형을 의미한다.

S_{2^4}

2동사 4형을 의미한다.

S₃

S₃은 제3동사가 있는 문장이다. 제3동사는 타동사 중 d 아닌 동사이다. d동사는 민다이어그램의 P3과 P4 사이에 be를 넣으면 S2문장의 의미가 되는 동사를 일컫는 말이다.

S₃₁

1인칭을 의미한다. 다른 언어와의 비교 등을 위해 준비하였다.

S₃₂

2인칭을 의미한다. 다른 언어와의 비교 등을 위해 준비하였다.

S₃₃

3인칭을 의미한다. 다른 언어와의 비교 등을 위해 준비하였다.

S₃⁰

3동사의 원형을 의미한다.

S₃¹

3동사 1형을 나타내는 기호이다. 영어에서는, 어떤 동사가 되었든 원형을 포함한 다섯 가지 모습을 가지고 있다. 가령 eat은 다음과 같은 5가지 모습을 가지고 있다.

형	생김새
원형	eat
1형	eat
2형	ate
3형	have eaten
4형	had eaten

S_{3^2}

3동사 2형을 의미한다. 3동사의 단수와 복수는 $3^{1/1}$, $3^{1/2}$ 로 나타낸다. 별 문제가 안 되면 단수 또는 복수는 생략할 수 있다. 이는 1형~4형까지 동일하게 적용된다.

S_{3^3}

3동사 3형을 의미한다.

S_{3^4}

3동사 4형을 의미한다.

S_4

S_4는 제4동사가 있는 문장이다. 제4동사는 타동사 중 d 동사를 의미한다. d동사는 민다이어그램의 P3와 P4 사이에 be를 넣으면 S2문장의 뜻이 만들어지도록 하는 동사를 일컫는 말이다.

S_{4_1}

1인칭을 의미한다. 다른 언어와의 비교 등을 위해 준비하였다.

S_{4_2}

2인칭을 의미한다. 다른 언어와의 비교 등을 위해 준비하였다.

S_{4_3}

3인칭을 의미한다. 다른 언어와의 비교 등을 위해 준비하였다.

S_{4^0}

4동사의 원형을 의미한다. 영어에서는, 어떤 동사가 되었든 원형을 포함한 다섯 가지 모습을 가지고 있다. 가령 make은 다음과 같은 5가지 모습을 가지고 있다.

형	생김새
원형	make
1형	make
2형	made
3형	have made
4형	had made

S_{4^1}

4동사 1형을 나타내는 기호이다. 4동사의 단수와 복수는 $4^{1/1}$, $4^{1/2}$ 로 나타낸다. 별 문제가 안 되면 단수 또는 복수는 생략할 수 있다. 이는 1형~4형까지 동일하게 적용된다.

$S_4{}^2$

4동사 2형을 의미한다.

$S_4{}^3$

4동사 3형을 의미한다.

$S_4{}^4$

4동사 4형을 의미한다.

S_9

S_9는 큐브숫자 1~4 중 어떤 것인지 모를 때 쓰는 기호이다.

민물숫자

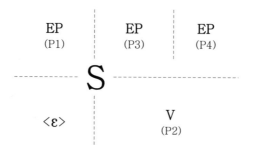

EP (P1) | EP (P3) | EP (P4)

S

⟨ε⟩ | V (P2)

위와 같은 그림을 민다이어그램(민그림, Meen diagram)이라고 한다. 민물식은 민다이어그램을 바탕으로 한다.

민물숫자(MeenMool number)는 민그림의 위쪽 EP에 쓰이는 1~8까지의 숫자를 일컫는 말이다. 민물숫자 1~8까지를 3가지로 나누어 아래처럼 배치한 것을 민물박스(MeenMool box)라고 한다.

M1	M2	M3
1	4	8
2	5	
3	6	
	7	

1

1

명사와 인칭명사를 나타내는 기호이다. **명사**는 오른쪽 아래에 0 이라고 쓰거나 생략할 수 있다. 민물숫자 1의 구체적인 내용은 1()를 사용한다.

$\overset{\circ}{1}$

인칭명사를 나타내는 기호이다. **인칭명사**의 인칭은 $1_\square$의 $\square$에 1~3 이라고 쓴다. 이때 1은 1인칭, 2는 2인칭, 3은 3인칭이다.

$\overset{\circ}{1}_1$

1인칭 I 등을 나타내는 기호이다. I 는 $\overset{\circ}{1}^{1/1}$ 이지만 오른쪽 위 /1 은 문제가 안되는 상황에서는 생략할 수 있다. 하지만 We는 반드시 $\overset{\circ}{1}^{1/2}$ 라고 하여야 한다.

$\overset{\circ}{1}_2$

2인칭 you 를 나타내는 기호이다.

$\overset{\circ}{1}_3$

3인칭 he, she 등을 나타내는 기호이다. 남성 여성의 구별은 $\square 1$ 의 $\square$를 통해 나타낸다. $\square$가 1이면 남성, 2이면 여성이다.

1()

1의 구체적인 내용은 오른쪽 괄호 안에 있다는 것을 나타내는 기호이다. 1을 앞에서 꾸며주는 말들은, 1의 오른쪽 괄호 안에서 자세히 밝혀야 한다. 1을 뒤에서 꾸며 주는 것들은 1과 대등하게 쓰고, 오른쪽 어깨에 ' 표시를 한다.

$$NP \rightarrow 1(1) \qquad \text{e.g. Mary, you, he}$$
$$NP \rightarrow 1(1\ \&\ 1) \qquad \text{e.g. Mary and Jane}$$

$$NP \rightarrow 1(\dot{2}\ 1) \qquad \text{e.g. a book}$$
$$NP \rightarrow 1(\dot{2}\ 2\ 1) \qquad \text{e.g. a blue book}$$
$$NP \rightarrow 1(\dot{2}\ 2\ 2\ 1) \qquad \text{e.g. a big blue book}$$

$$NP \rightarrow 1(\bar{2}\ 1) \qquad \text{e.g. the man}$$
$$NP \rightarrow 1(\bar{2}\ 2\ 1) \qquad \text{e.g. the big book}$$
$$NP \rightarrow 1(\bar{2}\ 2\ 2\ 1) \qquad \text{e.g. the big blue book}$$

$$NP \rightarrow 1(_1\tilde{2}\ 1) \qquad \text{e.g. this man}$$
$$NP \rightarrow 1(_2\tilde{2}\ 2\ 1) \qquad \text{e.g. that big book}$$
$$NP \rightarrow 1(_1\tilde{2}\ 2\ 2\ 1) \qquad \text{e.g. this big blue book}$$

$$NP \rightarrow 13'$$
$$\rightarrow 1(\dot{2}\ 1)\ 3'(\mathring{3}\ \bar{2}\ 1) \qquad \text{e.g. a pen on the table}$$

1_1

1인칭을 나타내는 기호이다. $1_\square$의 $\square$에 오는 숫자 1~3은 1~3인칭을 의미한다.

1_2

2인칭을 나타내는 기호이다.

1_3

3인칭을 나타내는 기호이다.

1_4

의미 없는 말인 무미말(無味말, ẼP)을 나타내는 기호이다.

$1_{.1}$

1이 한 글자로 이루어졌음으로 나타내는 기호이다. 한 글자일 경우는 생략할 수 있다.

$1_{.2}$

1이 두 글자로 이루어졌음으로 나타내는 기호이다.

$1_{.3}$

1이 세 글자로 이루어졌음으로 나타내는 기호이다. 네 글자는 .4 다섯 글자는 .5 등으로 하면 된다.

1^1

단수를 나타내는 기호이다.

1^2

복수를 나타내는 기호이다.

1^4

인도유럽어는 원래 단수와 복수 외에 쌍수(雙數)가 존재했다.[30] 1^4는 쌍수(雙數)를 나타내는 기호이다.

1^a

생물을 나타내는 기호이다. 단수 또는 복수와 같이 쓸 때는 단복수를 먼저 쓴다. 생물이란 입자가 있으며 생식을 통해 온 모든 것이다.

c 심물	d 속물
b 타물	a 생물

1^b

타물을 나타내는 기호이다. 단수 또는 복수와 같이 쓸 때는 단복

---

30) 『영문법 정치언어학으로 분석하다』 신동준 지음. 경기 2010. 한길사. 33쪽.

수를 먼저 쓴다. 타물은 입자가 있으나 생식으로 온 것이 아닌 것이다.

$\mathbf{1}^{\text{c}}$

심물을 나타내는 기호이다. 단수 또는 복수와 같이 쓸 때는 단복수를 먼저 쓴다. 심물이란 입자가 없고 추상적인 것이다.

$\mathbf{1}^{\text{d}}$

속물을 나타내는 기호이다. 단수 또는 복수와 같이 쓸 때는 단복수를 먼저 쓴다. 속물이란 입자가 없지만 살아있다고 생각되는 것이다.

$^{1}\mathbf{1}$

주격을 나타내는 기호이다.

$^{2}\mathbf{1}$

소유격을 나타내는 기호이다. 소유격을 달리 2_1, 2_2, 2_3 으로 나타낼 수도 있다.

her book
그녀의 책

위 민물식은 $^{1}\text{Ш}\ ^{2}2_1^{\bullet}3\ 1^{\text{1b}}$ 이다.

위 민물식을 달리 나타내면 ^{1} Ш $^22_3$ 1^{1b} 이다.

^{3}1

목적격을 나타내는 기호이다.

^{30}1

^{30}1은 self를 나타내는 기호이다. 1 오른쪽 아래의 인칭과 왼쪽 아래의 성이 무엇이냐에 따라 myself, yourself, himself 등이 결정된다. 다만 oneself는 $_3{}^{30}1_3$ 이라고, 중성으로 나타내기로 한다.

^{4}1

현재의 힌디어는 범어와 마찬가지로 호격을 포함해 모두 8개의 격을 그대로 보유하고 있다. 역사언어학적으로 8격 이상의 격은 나타나지 않았다는 점을 감안할 때 8격이 가장 오래됐다는 주장이 설득력을 얻고 있다.[31] ^{4}1는 여격을 나타내는 기호이다.

^{5}1

호격(呼格)을 나타내는 기호이다.

---

31) 『영문법 정치언어학으로 분석하다』 신동준 지음. 경기 2010. 한길사. 34쪽.

$^6|$

구격(具格, 공동格)을 나타내는 기호이다.

$^7|$

탈격(奪格)을 나타내는 기호이다.

$^8|$

어격(於格, 處所格)을 나타내는 기호이다.

$_1|$

남성을 나타내는 기호이다.

$_2|$

여성을 나타내는 기호이다.

$_3|$

범어와 희랍어, 라틴어에서는 남성과 여성, 중성 등 3성이 있었고, 현대 독일어와 러시아어 또한 3성이 있다.[32] $_3$1은 중성을 나타내는 기호이다.

32) 『영문법 정치언어학으로 분석하다』 신동준 지음. 경기 2010. 한길사. 34쪽.

$_a1$

현대의 스웨덴어에서는 생물성과 무생물성의 2성이 있다.[33) $_a1$ 는 생물성을 나타내는 기호이다.

$_e1$

$_e1$는 무생물성을 나타내는 기호이다.

$\mathbf{i}$

it을 나타내는 기호이다. 필요하다면 성수격, 인칭을 1에서와 같이 사용할 수 있다.

$\overline{1}$

there를 나타내는 기호이다.

There is **a problem**.
문제가 하나 있다.

위 문장의 민물식은 $\overline{1}\ T_{2^1}^{1(\dot{2}\ 1°)}$ 이다. T와 $\tilde{S}$는 같은 기호이다.

---

33) 『영문법 정치언어학으로 분석하다』 신동준 지음. 경기 2010. 한길사. 34쪽.

$\tilde{1}$

this와 that을 나타내는 기호이다. $_\square\tilde{1}$의 □에 1이 오면 this, 2가 오면 that이다.

That's **what I want**.
그것이 제가 원하는 겁니다.

위 문장의 단순식은 $^1S_2{}^{8\cdot}$ 이고, 계층식은 아래와 같다.

$$\dot{8}_2{}^4 \ \overset{\circ}{1}_1 \quad \text{⅄}\ _3{}^1 \frac{1}{}$$

$$_2\tilde{1} \ \text{S}\ _{2^1}{}^{8\cdot}$$

$\check{1}$

1이 잘못 되었음을 나타내는 기호이다.

$\overset{\rightarrow}{1}$

1이 다른 곳으로 이동하였음을 나타내는 기호이다. 숫자 위에 화살표가 있으면, 그 숫자가 다른 곳으로 이동하였음을 나타낸다.

2

2

　형용사를 나타내는 기호이다. 만일 그 앞에 부사가 있다면 2()를 통해 구체적으로 나타낼 수 있다. 민물숫자에서 21의 의미는 앞의 형용사가 그 뒤의 명사를 꾸며준다는 의미이다. 영어에서는 뒤의 2가 그 앞의 1을 꾸밀 수 없기 때문에 12는 1 2 처럼 띄어쓰는 것이 좋다.

22

　형용사 둘을 의미하는 기호이다.

222

　형용사 셋을 의미하는 기호이다. 이런 식으로 얼마든지 많은 형용사를 표시할 수 있다.

2̇

　형용사 중 a, an 을 나타내는 기호이다. 문장에서는 발음을 쉽고 부드럽게 내기 위해, 그 뒤의 명사가 자음 발음으로 시작하면 a를 쓰고, 모음 발음으로 시작하면 an을 쓴다.

$\overline{2}$

형용사 중, the 를 나타내는 기호이다.

$\tilde{2}$

형용사 중 this와 that을 나타내는 기호이다. this는 $_1\overline{2}$ 로 나타내고, that은 $_1\tilde{2}$ 로 나타낸다.

2_1

1인칭 my를 나타내는 기호이다. 이를 달리 $^2\mathring{1}_1{}^1$ 로 나타낼 수 있다.

2_2

2인칭 your를 나타내는 기호이다. 이를 달리 $^2\mathring{1}_2{}^1$ 로 나타낼 수 있다.

2_3

3인칭 his와 her를 나타내는 기호이다. $_\square2_3$의 □에 1이 오면 his를, 2가 오면 her를 나타낸다. his를 달리 $_1{}^2\mathring{1}_3{}^1$ 로, her를 달리 $_2{}^2\mathring{1}_3{}^1$ 로 나타낼 수 있다.

$2_{.1}$

한 글자로 이루어졌음을 나타내는 기호이다. 한 글자일 경우는 생략할 수 있다.

2.2

두 글자로 이루어졌음을 나타내는 기호이다.

2.3

세 글자로 이루어졌음을 나타내는 기호이다. 네 글자는 .4 다섯 글자는 .5 등으로 하면 된다.

3

3

부사 하나를 나타내는 홀로부사 기호이다.

3

부사 두 개를 나타내는 기호이다. 이를 달리 3̇3̇으로 할 수 있다.

3

부사 세 개를 나타내는 기호이다. 이를 달리 3̇3̇3̇으로 할 수 있다. 부사 네 개 이상은 위아래로 점을 찍어 나타낸다.

3

전치사구를 나타내는 기호이다. 전치사구의 구체적인 내용은 3()을 통해 드러낼 수 있다.

$\mathring{3}$

전치사를 나타내는 기호이다. 아래 그림에서 $\mathring{3}$ 오른쪽 아래의 1은 생략할 수 있으나 2, 3 등 다른 숫자가 오면 생략할 수 없다.

$\mathring{3}_1{}^1$ to	$\mathring{3}_1{}^2$ for	$\mathring{3}_1{}^3$ of
$\mathring{3}_1{}^4$ at	$\mathring{3}_1{}^5$ on off	$\mathring{3}_1{}^6$ in out

$\mathring{3}_2{}^1$ with with out with in	$\mathring{3}_2{}^2$ between among	$\mathring{3}_2{}^3$ up above over
$\mathring{3}_2{}^4$ before after	$\mathring{3}_2{}^5$ across through	$\mathring{3}_2{}^6$ down below beneath under

$\mathring{3}_3{}^1$ as	$\mathring{3}_3{}^2$ by	$\mathring{3}_3{}^3$ from
$\mathring{3}_3{}^4$ ahead behind	$\mathring{3}_3{}^5$ around about	$\mathring{3}_3{}^6$ beside

$\mathring{3}_4{}^1$ beyond	$\mathring{3}_4{}^2$ along	$\mathring{3}_4{}^3$ into out of
$\mathring{3}_4{}^4$ like unlike	$\mathring{3}_4{}^5$	$\mathring{3}_4{}^6$

3 ′

전치사구가 형용사로 쓰여, 그 앞 명사를 꾸며주고 있음을 나타내는 기호이다. 이를 표시하면 13' 이 된다. 영어에서는 3'1은 불가능하다. 즉 앞의 전치사구가 뒤의 명사를 꾸밀 수 없다.

3 ″

전치사구가 부사로 쓰여, 명사 아닌 다른 것을 꾸며주고 있음을 나타내는 기호이다.

3 ^{1}

3의 내용이 단수임을 나타내는 기호이다. 즉 3 안에 a 또는 an 이 있거나, 하나라는 의미가 들어있는 것이다.

3 ^{2}

3의 내용이 복수임을 나타내는 기호이다. 즉 3 안에 복수명사가 있는 것이다.

3 ^{a}

3의 내용이 생물임을 나타내는 기호이다. 단수 또는 복수와 같이 쓸 때는 단복수를 먼저 쓴다.

c 심물	d 속물
b 타물	a 생물

3^b

3의 내용이 타물임을 나타내는 기호이다. 단수 또는 복수와 같
이 쓸 때는 단복수를 먼저 쓴다.

3^c

3의 내용이 심물임을 나타내는 기호이다. 단수 또는 복수와 같
이 쓸 때는 단복수를 먼저 쓴다.

3^d

3의 내용이 속물임을 나타내는 기호이다. 단수 또는 복수와 같
이 쓸 때는 단복수를 먼저 쓴다.

3_1

3의 내용이 1인칭임을 나타내는 기호이다.

3_2

3의 내용이 2인칭임을 나타내는 기호이다.

3 ₃

3의 내용이 3인칭임을 나타내는 글자이다.

3 .1

3이 한 글자로 이루어졌음을 나타내는 기호이다. 한 글자일 경우는 생략할 수 있다.

3 .2

3이 두 글자로 이루어졌음을 나타내는 기호이다.

3 .3

3이 세 글자로 이루어졌음을 나타내는 기호이다. 네 글자는 .4 다섯 글자는 .5 등으로 하면 된다.

4

파사에는 파생절과 동사에서 온 동파사가 있다. 동파사에는 to파사, ing파사, ed파사, being pp파사가 있다.

4

to파사를 나타내는 기호이다. to 뒤에 동사원형이 오는 것을 to 파사라고 한다. to파사에는 to ʒ(제타)와 **to be**가 있다. to be를 나타낼 때는 4의 오른쪽 아래에 2를 넣어 4_2라고 표시한다.

$\tilde{4}$

~는 not을 나타내는 기호이다. 따라서 $\tilde{4}$는 **not to 파사**를 의미한다.

Tell me **why not to go there**.
나에게 말해주세요, 왜 거기에 가지 않는지를.

$\mathring{4}$

to 없는 파이부정사(ϕ부정사, ϕ파사)를 의미한다. 즉 to ʒ(제타)나 **to be**에서 to가 생략된 형태를 나타내는 기호이다. to be를 나타낼 때는 4의 오른쪽 아래에 2를 넣어 $\mathring{4}_2$라고 표시한다. $\mathring{4}_2$가 아니면 모두 to ʒ(제타)가 된다.

$\check{4}$

4가 틀렸음을 나타내는 기호이다. $\tilde{4}$나 $\mathring{4}$에서도 이와 같이 쓸 수 있다.

4ʹ

4가 형용사로 쓰이고 있음을 나타내는 기호이다. $\tilde{4}$나 $\mathring{4}$에서도 이와 같이 쓸 수 있다.

4 ″

4가 부사로 쓰이고 있음을 나타내는 기호이다. $\tilde{4}$나 $\overset{\circ}{4}$에서도 이와 같이 쓸 수 있다.

4_1

4가 제1동사로 쓰이고 있음을 나타내는 기호이다.

$4_1{}^3$

4가 to have pp 임를 나타내는 기호이다.

4_2

4가 제2동사로 쓰이고 있음을 나타내는 기호이다.

$4_2{}^3$

4가 to have been 임을 나타내는 기호이다.

4_3

4가 제3동사로 쓰이고 있음을 나타내는 기호이다.

4$_{3^3}$

4가 to have pp 임을 나타내는 기호이다.

4$_4$

4가 제4동사로 쓰이고 있음을 나타내는 기호이다.

4$_{4^3}$

4가 제4동사 중, to have pp를 나타내는 기호이다.

4$_{.1}$

4가 한 글자로 이루어졌음으로 나타내는 기호이다. 한 글자일 경우는 생략할 수 있다.

4$_{.2}$

4가 두 글자로 이루어졌음으로 나타내는 기호이다.

4$_{.3}$

4가 세 글자로 이루어졌음으로 나타내는 기호이다. 네 글자는 .4 다섯 글자는 .5 등으로 하면 된다.

5

파사에는 파생절과 동사에서 온 동파사가 있다. 동파사에는 to파
사, ing파사, ed파사, being pp파사가 있다.

5

ing파사를 나타내는 기호이다. ing파사는 '동사 + ing' 형태로 이
루어진다.

$\tilde{5}$

~는 not을 의미한다. $\tilde{5}$는 **not ~ing 파사**를 의미한다.

5 ′

5가 형용사로 쓰이고 있음을 나타내는 기호이다.

5 ″

5가 부사로 쓰이고 있음을 나타내는 기호이다.

$\breve{5}$

5가 틀렸음을 나타내는 기호이다.

5_1

5가 제1동사로 쓰이고 있음을 나타내는 기호이다.

5_{1^3}

5가 having done 임을 나타내는 기호이다.

5_{1^5}

5가 getting done 임을 나타내는 기호이다.

I forget getting drunk last night.
나는 잊었다, 어제 밤에 술 취했다는 것을.

위 문장의 기본식은 $\dot{i}_1 S_{3^1}\ 5_{1^5}\ 3(21^c).$ 이다.

5_2

5가 제2동사로 쓰이고 있음을 나타내는 기호이다.

5_{2^3}

5가 having been 으로 쓰이고 있음을 나타내는 기호이다.

I am ashamed of having been idle.
나는 부끄럽다, 게을렀던 것이.

위 문장의 기본식은 $\overset{\dot{1}}{1_1} \mathsf{S}\ {}_{2^1}\ 2\ \overset{\dot{3}}{3}\ 5_{2^3}\ 2.$ 이다.

5_3

5가 제3동사로 쓰이고 있음을 나타내는 기호이다.

5_{3^3}

5가 제3동사의 having done임을 나타내는 기호이다.

Em denies having written the letter.
엠은 부인한다, 편지 썼던 일을.

위 문장의 기본식은 ${}_{2}1_{3^1}\ \mathsf{S}\ {}_{3^1}\ 5_{3^3}\ 1(\overline{2}\ 1^\mathrm{b}).$ 이다.

Em denied having written the letter.
엠은 부인했다, 편지 썼던 일을.

위 문장의 기본식은 ${}_{2}1_{3^1}\ \mathsf{S}\ {}_{3^2}\ 5_{3^3}\ 1(\overline{2}\ 1^\mathrm{b}).$ 이다.

5_4

5가 제4동사로 쓰이고 있음을 나타내는 기호이다.

5 $_4{}^3$

5가 having done 임을 나타내는 기호이다.

5 $_{.1}$

5가 한 글자로 이루어졌음으로 나타내는 기호이다. 한 글자일 경우 생략할 수 있다.

5 $_{.2}$

5가 두 글자로 이루어졌음으로 나타내는 기호이다.

5 $_{.3}$

5가 세 글자로 이루어졌음으로 나타내는 기호이다. 네 글자는 .4 다섯 글자는 .5 등으로 하면 된다.

6

파사에는 파생절과 동사에서 온 동파사가 있다. 동파사에는 to파사, ing파사, ed파사, being pp파사가 있다.

6

ed파사를 나타내는 기호이다. ed파사는 '동사 + ed' 형태로 이루어진다.

$\tilde{6}$

~는 not을 의미한다. 따라서 $\tilde{6}$는 **not pp**를 의미한다.

6 ′

6이 형용사로 쓰이고 있음을 나타내는 기호이다.

6 ″

6이 부사로 쓰이고 있음을 나타내는 기호이다.

$\breve{6}$

6이 틀렸음을 나타내는 기호이다.

6_1

6이 제1동사로 쓰이고 있음을 나타내는 기호이다.

6_2

6이 제2동사로 쓰이고 있음을 나타내는 기호이다.

6 ₃

6이 제3동사로 쓰이고 있음을 나타내는 기호이다.

6 ₄

6이 제4동사로 쓰이고 있음을 나타내는 기호이다.

6 .1

6이 한 글자로 이루어졌음을 나타내는 기호이다. 한 글자일 경우 생략할 수 있다.

6 .2

6이 두 글자로 이루어졌음으로 나타내는 기호이다.

6 .3

6이 세 글자로 이루어졌음으로 나타내는 기호이다. 네 글자는 .4 다섯 글자는 .5 등으로 하면 된다.

7

파사에는 파생절과 동사에서 온 동파사가 있다. 동파사에는 to파사, ing파사, ed파사, being pp파사가 있다.

7

being pp 를 나타내는 기호이다. being pp는 'being 동사 + ed' 형태로 이루어진다.

7 ′

7이 형용사로 쓰이고 있음을 나타내는 기호이다.

7 ″

7이 부사로 쓰이고 있음을 나타내는 기호이다.

7̌

7이 틀렸음을 나타내는 기호이다.

7 .2

7이 두 글자로 이루어졌음으로 나타내는 기호이다.

7 .3

7이 세 글자로 이루어졌음으로 나타내는 기호이다. 네 글자는 .4 다섯 글자는 .5 등으로 하면 된다.

8

8

파생절을 나타내는 기호이다.

8 ′

8이 형용사로 쓰이고 있음을 나타내는 기호이다.

8 ″

8이 부사로 쓰이고 있음을 나타내는 기호이다.

ȣ

문장기호 S 처럼, 파생절을 나타낼 때 쓰는 파생절기호이다. 이를 달리 C 또는 // 로 표시할 수 있다. C는 Clause의 머리글자이다.

$\dot{8}$

파생절의 시작을 알리는, 파대표를 나타내는 기호이다.

$\dot{8}_1$

파생절의 시작을 알리는 파대표 중 알파계열을 나타내는 기호이다. 이를 달리 $8a$ 라고 할 수 있다. 알파계열은 다음 그림과 같다.

α^1 that	α^2 when where	α^3 why how
α^5 목이좋은	α^6 시기	α^4 if whether

$\dot{8}\,^1_1$

파대표가, 알파계열 중 that임을 나타내는 기호이다. 이를 달리 $\dot{8}\alpha^1$ 라고 할 수 있다. 이하 나머지도 같은 방식으로 나타낼 수 있다.

$\dot{8}\,^{21}_1$

파대표가, 알파계열 중 when 임을 나타내는 기호이다.

$\dot{8}\,^{210}_1$

파대표가, 알파계열 중 whenever 임을 나타내는 기호이다. $\dot{8}^\triangle$ 에서 △의 끝에 오는 0은 ever 를 의미한다.

$\dot{8}\,^{22}_1$

파대표가, 알파계열 중 where 임을 나타내는 기호이다.

$\overset{\bullet}{8}\,{}_1^{220}$

파대표가, 알파계열 중 wherever 임을 나타내는 기호이다. $\overset{\bullet}{8}{}^{\triangle}$ 에서 △의 끝에 오는 0은 ever를 의미한다.

$\overset{\bullet}{8}\,{}_1^{31}$

파대표가, 알파계열 중 why 임을 나타내는 기호이다.

$\overset{\bullet}{8}\,{}_1^{32}$

파대표가, 알파계열 중 how 임을 나타내는 기호이다.

$\overset{\bullet}{8}\,{}_1^{320}$

파대표가, 알파계열 중 however 임을 나타내는 기호이다. $\overset{\bullet}{8}{}^{\triangle}$에 서 △의 숫자 중 끝의 0은 ever를 의미한다.

$\overset{\bullet}{8}\,{}_1^{41}$

파대표가, 알파계열 중 if 임을 나타내는 기호이다. 이를 달리 소 문자 f 라고 할 수도 있다.

$\overset{\bullet}{8}\,{}_1^{42}$

파대표가, 알파계열 중 whether 임을 나타내는 기호이다.

$$\dot{8}^5_1$$

파대표가, 알파계열 중 5임을 나타내는 기호이다.

$$\dot{8}^6_1$$

파대표가, 알파계열 중 6임을 나타내는 기호이다.

$$\dot{8}_2$$

파생절의 시작을 알리는 파대표 중 베타파계열을 나타내는 기호이다. 이를 달리 8_β 라고 할 수 있다. 베타계열은 아래 그림과 같다.

β^1 that	β^2 who	β^3 which
		β^4 what

$$\dot{8}^1_2$$

파대표가, 베타계열 중 that 임을 나타내는 기호이다. 이를 달리 8_β^1 라고 할 수 있다. 나머지도 같은 방식으로 나타낼 수 있다.

$$\dot{8}^2_2$$

파대표가, 베타계열 중 who 임을 나타내는 기호이다.

$\overset{\cdot}{8}\,^{3}_{2}$

파대표가, 베타계열 중 which 임을 나타내는 기호이다.

$\overset{\cdot}{8}\,^{4}_{2}$

파대표가, 베타계열 중 what을 나타내는 기호이다.

$8\,'$

파생절이 형용사로 쓰이고 있음을 나타내는 기호이다.

$8\,''$

파생절이 부사로 쓰이고 있음을 나타내는 기호이다.

$\overset{\smile}{8}$

파생절이 틀렸음을 나타내는 기호이다.

$8_{.1}$

8이 한 글자로 이루어졌음을 나타내는 기호이다. 한 글자일 경우는 생략할 수 있다.

$8_{.2}$

8이 두 글자로 이루어졌음을 나타내는 기호이다.

8 $_{.3}$

8이 세 글자로 이루어졌음을 나타내는 기호이다. 네 글자는 .4 다섯 글자는 .5 등으로 하면 된다.

9

어떤 숫자인지 확실하지 않을 때 쓰는 기호이다.

10

절로 된 SR이나, 파대표를 필요로 하지 않는 파생절임을 나타낼 때 쓰는 기호이다. 한국어나 중국어에서는 아래 문장 같은, 절로 된 SR이 가능하다. 하지만 영어에서는 절로 된 SR은 불가능하다. 이것이 한국어(또는 중국어)와 영어의 큰 차이점 중 하나이다.

코끼리는 코가 길다.
大象 鼻子 长。

위 문장을 민물식으로 나타내면 아래와 같이 된다.

$$1_3{}^a \quad \text{Y} \quad 0^1$$

$$1_3{}^a \quad \text{S} \quad 10\,.$$

위 민물식에서 0은 동사 역할을 하는 형용사를 나타낸다.

기타기호

,

쉼표이다. 쉼표는 문장을 따라가다 위아래 편한 곳에 찍는다.

!

느낌표이다. 느낌표는 문장 마지막 기호 오른쪽에 찍는다.

?

물음표이다. 물음표는 문장 마지막 기호 오른쪽에 찍는다.

•

마침표이다. 마침표는 문장 마지막 기호 오른쪽 아래에 찍는다.

#

하나 이상의 뜻이 있음을 나타내는 기호이다. 즉 구조적 중의성이 있을 때 사용하는 기호이다.

old men and women·

위 글의 민물식은 21&1$^{\#}$ 이다. 위 글은 21·&1으로 볼 수도 있고, 2·1&1으로 볼 수도 있다.

●

중간점이다. 중간점(·)은 구분을 나타내는 기호이다.

 old men and women

 위 글은 21·&1으로 볼 수도 있고, 2·1&1으로 볼 수도 있다.
21·&1로 보면 '나이든 남자들과 어떤 여자들' 이라는 의미이고,
2·1&1로 보면 '나이든, 남자들과 여자들' 이라는 의미이다.

&

and를 나타내는 기호이다.

 Come and see this book.
 와서 보세요, 이 책을.

위 문장의 기본식은 $\underline{S}_{3^1\&3^1}{}^{1(_1\tilde{2}\ 1^{1b})}.$ 이다.

$\tilde{\&}$

but을 나타내는 기호이다.

 not A but B

 위 글의 민물식은 $\tilde{1}\&1$ 이다. 관용적으로 쓴다면 $\tilde{A}\&B$ 도 가능

할 것이다.

$\overset{\cdot}{\&}$

or를 나타내는 기호이다.

Choose Jone or me.
고르세요, 존이나 나 (중에서).

위 문장의 기본식은 $\underset{3^1}{\subset}\ {}_1 1_3\ \overset{\cdot}{\&}\ {}^3\overset{\circ}{1}_1{}^1.$ 이다.

$\overline{\&}$

nor 를 나타내는 기호이다.

『 』

책이나 영화, 신문 등 독립적인 것을 나타내는 기호이다.

「 」

책 안에 있는 편이나 신문 기사 등 독립적이지 못한 것을 나타내는 기호이다.

→

숫자 위에 쓰면, 이동을 의미하고, 문장 앞에 쓰면 수학에서와 같이 수식을 전개할 때 쓰는 기호가 된다.

~

not을 나타내거나, 둘 중 다른 하나를 의미하는 기호이다.

〰〰〰

문장식에서 민물숫자 아래의 물결은 '비교'를 의미하고, 낱말식에서는 품사를 결정하는 말을 뜻한다.

*

비문법적인 틀린 문장을 의미한다.

/

문장이나 자생절을 달리 표시할 수 있는 기호이다. 가령 S_1을 달리 $/_1$로 표시할 수 있다.

//

파생절을 달리 표시할 수 있는 기호이다.

$$\dot{8}_2{}^4 \; \dot{1}_1 \quad \text{\Y} \; 3^1{}_1$$

위 민물식을 달리 나타낸 것이 아래의 식이다.

$$\dot{8}_2{}^4 \; \dot{1}_1 \; // \; 3^1{}_1$$

참/고/문/헌

가

『기초 영어구문론』 유진 지음 서울 1994. 백만사.

다

『도도한 영문법』 노세익 지음 서울 2008. 와이엘북.

바

『뿌리영어 문법』 정도상 지음 서울 2004. 언어과학.

사

『수학의 위대한 순간들』 허민 외 지음 서울 1997. 경문사.
『수학사』 하워드 이브스 지음 이우영 외 옮김 서울 1996. 경문사.
『신기한 영문법』 유채곤 지음 서울 2011. 재승출판.

아

『어원으로 배우는 보카족』 강남현 지음 서울 2009. 월드컴.
『영문법, 정치언어학으로 분석하다』 신동준 지음 경기 2010. 한길사.
『영어란 무엇인가』 한학성 지음 서울 1995. 을유문화사.
『영어란 무엇인가』 빅토리아 프롬킨 외 지음 서울 1987. 시인사.
『영어의 대륙에 깃발을 꽂아라』 하광호 지음 서울 2000. 디자인하우스.
『영어회화의 기본연습』 김치문 지음 서울 1993. 도서출판 한글.
『영어통사론』 정태구 지음 서울 2016. 고려대학교출판문화원.
『영어통사론』 김양순 지음 서울 2016. 도서출판 동인.
『예수는 처녀생식으로 오지 않았다』 민서희 지음 서울 2011. 도서출판 생소사.
『올댓 피타고라스 정리』 이만근 외 지음 서울 2007. 경문사.

카

『큐브 영문법은 다르다 (1)』 민서희 지음 서울 2016. 도서출판 생소사.

파

『패턴 영문법』 손소예 지음 서울 2012. 정진출판사.
『페르마의 마지막 정리』 사이먼 싱 지음 박병철 옮김 서울 2007. 영림카디널.

에/필/로/그

세상 모든 언어를 수식에 담다

수학의 수식에는 여러 가지가 있다. 가령 방정식만 하더라도 1
차방정식, 2차방정식, 3차방정식 그리고 n차 방정식이 있다. 하지
만 모두, 수학 안에 있는 수식일 뿐이다.

언어식도 마찬가지이다. 좀 달리 보이는 것 같지만 영어, 중국
어, 한국어, 루마니아어 등이 모두 언어이고 언어식으로 나타낼
수 있다. 저자는 그런 믿음이 있었고, 이 책을 통해 어느 정도는
보여주었다고 생각한다.

혹자는, 영어에 대한 영어식만 있는 책에, '세상 모든 언어를 수
식에 담다' 라는 부제는 좀 과하지 않았나 하는 생각이 들었을 수
있다. 그래서 에필로그를 통해 이에 대해 좀 더 설명을 하여야 하
겠다고 생각했다.

언어란 무엇인가

언어(言語, language)란 의사전달을 목적으로, 보내는 이가 받는 이
에게, 말과 글 또는 짓으로 나타내는 기호의 체계이다. 앞으로는
언어를, L 로 나타내기로 한다.

말(speech, 청각언어)은 의사전달을 목적으로, 보내는 이가 받는 이

에게, 소리를 통해 나타내는 기호의 체계이다. 이러한 말은, 학자에 따라 좀 다르긴 하지만, 6,000~7,000개가 있다고 한다.

글(文字)은 의사전달을 목적으로, 보내는 이가 받는 이에게, 문자를 통해 나타내는 기호의 체계이다.

짓이란 의사전달을 목적으로, 보내는 이가 받는 이에게, 말과 글을 제외한 몸의 행위를 통해 나타내는 기호의 체계이다. 짓에는 몸짓, 손짓, 발짓 등이 있다.

말과 글이 남아 있으면 활어(活語, 산 언어)라고 하고, 글만 남아 있으면 사어(死語, 죽은 언어)라고 하며, 글이 없는 경우는 무문자언어라고 한다.

언어의 분류

언어의 분류는 말을 기준으로 나눌 수 있다. 청각언어인 말은 S(주어), V(술어), O(목적어)를 대상으로, S가 맨 먼저 오는 S계통, V가 맨 먼저 오는 V계통, O가 맨 먼저 오는 O계통으로 나눌 수 있다.

그리고 다시 S V O 의 두 번째와 세 번째 순서에 따라

S계통은 S V O와 S O V로 나눌 수 있고,
V계통은 V S O와 V O S로 나눌 수 있으며,
O계통은 O S V와 O V S로 나눌 수 있다.

S계통을 L_S로 나타내고, SVO를 $_1L_S$, SOV를 $_2L_S$ 라고 나타내기로 한다.

V계통을 L_V로 나타내고, VSO를 $_1L_V$, VOS를 $_2L_V$ 라고 나타내기로 한다.

O계통을 L_O로 나타내고, OSV를 $_1L_O$, OVS를 $_2L_O$ 라고 나타내기로 한다.

언어식 만들기

1. 민다이어그램 만들기

M1

$$S \rightarrow SL + SR$$

위 식은, S는 SL과 SR로 이루어졌음을 의미한다. 즉 전체(S)는 부분(SL, SR)의 합으로 이루어졌음을 의미한다.

앞으로 위와 같이 쓸 수 있는 식은, '전체는 부분을 지배한다' 또는 '왼쪽은 오른쪽을 지배한다' 라고 하기로 약속한다. 그리고 왼쪽을 어상(語上), 오른쪽을 어하(語下) 라고 하기로 한다. 또한 이러한 식에서, SL과 SR의 관계를 어평(語平) 이라 하기로 약속한다. 즉 SL은 SR의 어평이고, SR은 SL의 어평이 된다. 어평을 형제(또는 자매)라는 의미로 이해하면 쉬울 것이다.

위 식에서,

S 는 문장을 의미하는 문장기호이다. 문장기호 S는 문장을 의미하는 낱말 Sentence의 머리글자에서 가져온 것이다.

→ 는 '앞의 것은 뒤의 것과 같이 이루어져 있다' 라는 의미로, 수학에서의 = 과 같다. <u>그러니 = 라고 써도 무방하다.</u>

➕ 는 왼쪽 것에 이어서 오른쪽 것이 나온다는 의미이다.

SL 은 아래 그림처럼, 어떤 한 문장을 좌우로 나눈 것 중 왼쪽 것을 의미한다.

SR 은 위 그림처럼 어떤 한 문장을 좌우로 나눈 것 중 오른쪽 것을 의미한다.

M2

$$SL \rightarrow SL^{up} + SL^{down}$$

위 식에서,

왼쪽의 SL은 어상(語上)이고, 오른쪽의 'SL^{up} + SL^{down} 은 어하(語下)이다. 그리고 SL^{up} 하고 SL^{down} 은 서로에게 어평(語平)이 된다. 어평이 여러 개 등장할 때 위쪽의 어평을 상어평이라 하고, 아래쪽의 어평을 하어평이라고 한다. 따라서 SL과 SR은 상어평(上語平)이 되고, SL^{up} 하고 SL^{down} 은 하어평(下語平)이 된다. 그리고 지배관계에 있지 않은, 즉 어상과 어하관계가 아닌 상어평과 하어평과의 관계를 지통(支通)이라 하기로 한다. 지통은, 삼촌과 조카관계

로 이해하면 쉬울 것이다.[34]

 위 식에서,

 SL 은 아래 그림처럼, 어떤 한 문장을 좌우로 나눈 것 중 왼쪽 것을 의미한다. 이때 어떤 한 문장을 좌우로 나누는 보이지 않는 선을 y축이라고 한다.

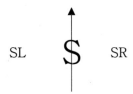

 → 는 '앞의 것은 뒤의 것과 같이 이루어져 있다' 라는 의미이다.

 up 은 아래 그림처럼, 어떤 한 문장을 아래위로 나눈 것 중 위쪽을 의미하고, down 은 아래쪽을 의미한다. 이때 어떤 한 문장을 아래위로 나누는 보이지 않는 선을 x축 또는 수평선이라고 한다.

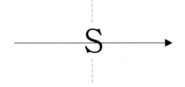

 up과 down 중 down은 동사를 나타내는 곳이고, up은 동사 아닌 것들을 나타내는 곳이다.

---

34) 이와 같은 이론은 나무그림에서 빌려 온 것이다.

SL^{up} 은 SL 중 수평선 위쪽을 의미하고, SL^{down} 은 수평선의 아래쪽을 의미한다.

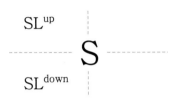

M3

$$SR \rightarrow SR^u + SR^d$$

위 식에서,

왼쪽의 SR은 어상(語上)이고, 오른쪽의 '$SR^u + SR^d$ 는 어하(語下)이다. 그리고 SR^u 하고 SR^d 은 서로에게 어평(語平)이 된다.

어평이 여러 개 등장할 때 위쪽의 어평을 상어평이라 하고, 아래쪽의 어평을 하어평이라 한다. 따라서 SL과 SR은 상어평(上語平)이 되고, SR^u 하고 SR^d 은 하어평(下語平)이 된다. 그리고 지배관계에 있지 않은, 즉 어상과 어하관계가 아닌 상어평과 하어평과의 관계를 지통(支通)이라 하기로 한다. 지통은, 고모(이모)와 조카관계로 이해하면 쉬울 것이다.

위 식에서,

SR 은 아래 그림처럼, 어떤 한 문장을 좌우로 나눈 것 중 왼쪽 것을 의미한다. 이때 어떤 한 문장을 좌우로 나누는 보이지 않는 선을 y축이라고 한다.

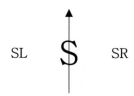

→ 는 '앞의 것은 뒤의 것과 같이 이루어져 있다' 또는 '<u>위의 것은 다음과 같이 이루어져 있다</u>' 라는 의미이다.

u는 up을 줄여 쓴 말이다. up은 아래 그림처럼, 어떤 한 문장을 아래위로 나눈 것 중 위쪽을 의미한다. d는 down을 줄여 쓴 말이다. down은 수평선 아래쪽을 의미한다. 이때 어떤 한 문장을 아래위로 나누는 보이지 않는 선을 x축 또는 수평선이라고 한다. up과 down 중 d는 동사가 있는 곳이고, u는 동사 아닌 것들이 위치하는 곳이다.

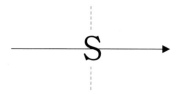

SR^u 은 SR 중, 수평선 위쪽을 의미하고, SR^d 는 아래쪽을 의미한다.

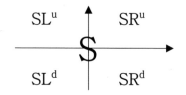

위 그림이 민다이어그램(민그림, Meen diagram)이다.

2. 영어식 만들기

언어식은 민다이어그램을 그 바탕에 두고 만든다. 많은 언어 중

영어는 $_1{}^GL_S{}^E$ 라고 표시하되, $_1{}^GL_S{}^E$ 라고 오른쪽 아래에 표시

할 수도 있다. G는 게르만어파를 의미하고, E는 English의 머리

글자이다.

E1

$$S \rightarrow SL + SR$$

E2

$$SL \rightarrow SL^d + SL^u$$
$$\rightarrow \langle \varepsilon \rangle + EP$$

E3

$$SR \rightarrow SR^d + SR^u$$
$$\rightarrow V + EP$$

E4

$$V \rightarrow \varepsilon + \omega$$

E5

$$V \leftarrow 1V, 2V, 3V, 4V$$

$$\boxed{\text{EP} \leftarrow 1,\ 2,\ 3,\ 4,\ 5,\ 6,\ 7,\ 8}$$

$$\boxed{\text{S} \leftarrow S_1,\ S_2,\ S_3,\ S_4}$$

예문)

I love you.   나는 당신을 사랑합니다.

$$_9^1\mathring{1}_1^1 \quad S^{\eta} \quad {}^3\mathring{1}_2^{1\#}. \qquad\qquad _9^1\mathring{1}_1^1 \quad S^{\eta} \quad {}^3\mathring{1}_2^{1}$$
$$\quad _1^G L_S^{E} \quad 3^1 \qquad\qquad\qquad\qquad _2^2 L_S^{K} \qquad 3^1.$$

수평선 아래는 동사 영역이기 때문에, V로 시작하는 언어는 SL^d 부터 시작하면 되고, O로 시작하는 언어는 SL^u부터 시작하면 된다. 즉 민다이어그램을 이용하면, 어순에 관계없이 어떤 문장이든지 쉽게 나타낼 수 있다.

언어식(민물식)을 사용하면, 다양한 언어 환경에서 드러나는 문제에 대해, 문자나 숫자를 추가(이용)하여 이를 쉽게 해결할 수 있다.

이제, 모든 고전과 문학작품에 언어식을 넣어 DB(데이터베이스)를 구축한 다음, 그 DB를 바탕으로 한 새로운 언어연구의 지평이 열렸으면 하는 희망을 않고 줄인다.

2017년 10월 중순
김포 미인도서관에서
민서희 삼가 씀